Manfred Kunst
50 originelle Museen in Norddeutschland

CV

Manfred Kunst

50 originelle Museen in Norddeutschland

CONVENT VERLAG

Bildnachweis

Ein großer Teil der Abbildungen wurde uns von den Museen zur Verfügung gestellt. Wenn die Fotografen bekannt waren, wurden sie genannt. Fotos auf den Seiten 10, 11, 20, 21, 31, 53, 55, 58, 61, 66, 67, 68, 76, 77, 106 und 107: Manfred Kunst. Umschlagfotos: Museum für Puppentheater, Spicy's Gewürz-Museum, Buddelschiff-Museum, Internationales Mühlen-Museum, Manfred Kunst (3)

Umschlaggestaltung: Peter Albers
Satz u. Reproduktion: KCS GmbH, Buchholz / Hamburg
Druck u. Bindung: Druckerei zu Altenburg GmbH, Altenburg
ISBN 3-934613-32-2

Inhalt

originell *(lat.-fr.)*: 1) ursprünglich, neu, schöpferisch. 2) eigenartig, einzigartig, urwüchsig, komisch.
(aus Der Große Duden, Fremdwörterbuch)

Was macht ein Sammler, wenn sich die über Jahrzehnte zusammengetragenen Exponate bis zur Zimmerdecke türmen, wenn Keller und Dachboden vollgestellt sind? Er gründet ein Museum – nicht nur um sich Luft zu verschaffen, sondern vor allem auch, um die Öffentlichkeit an den Objekten seiner Begierde teilhaben zu lassen. So geschehen beim Fünfziger-Jahre-Museum Bad Bevensen, beim Wrack-Museum Cuxhaven, beim Feuerwehr-Museum Birkenmoor, beim Zirkus-Museum Preetz, beim Spielzeug-Museum Soltau, beim Buddel-Museum Osten, beim Bananen-Museum Sierksdorf, beim Telefon-Museum Seevetal, beim Uhren-Museum Putbus und vielen anderen mehr. Es gibt aber auch andere Einrichtungen dieser Art. Im Freilicht-Museum Haustier-Schutzpark Warder leben vergessene Nutztierarten wie das Angler Sattelschwein und die Schweizer Schwarzhalsziege, und im Azaleen-Museum Bremen gedeiht die Hybride »Concinna«, die bereits 1849 in Indien gezüchtet wurde. Das sind nicht nur Museen, sondern Schutzstationen, die bedrohten Tierarten und Pflanzen ein Überleben sichern.
Ganz anders sind z. B. das Pferde-Museum Verden, das Erdöl-Museum Wietze, das Prora-Museum Binz oder das Luftfahrttechnischen Museum Rechlin. Das sind Spezialmuseen von kulturhistorischer Bedeutung, in denen die wechselvolle Geschichte des jeweiligen Ortes und der Region aufgearbeitet wird.
Allen gemein aber ist: Sie sind kurios, originell, wenigstens aber ungewöhnlich. Und sie lohnen einen Besuch! Wir haben die 50 interessantesten Museen für Sie zusammengestellt. Wohlbemerkt – es handelt sich dabei um eine rein subjektive Auswahl, denn es gibt unzählige mehr im norddeutschen Raum, die es wert gewesen wären, in diesem Band vorgestellt zu werden.
Damit Sie planen können, enthält jede Beschreibung Hinweise zu den Öffnungszeiten, Eintrittspreisen, Anreisewegen und Parkmöglichkeiten. Zusätzlich geben wir Ihnen Extra-Tipps aus dem Angebot des Museums oder Freizeit-Tipps aus der näheren Umgebung, damit sich der Ausflug im doppelten Sinne lohnt. Und nun wünschen wir Ihnen viel Spaß bei Ihrer Entdeckungstour durch Norddeutschlands originelle Museen!

Anklam

①

Otto-Lilienthal-Museum

Ellbogenstr. 1
17389 Anklam
Tel. 0 39 71/24 55 00
Fax 0 39 71/24 55 80
www.lilienthal-museum.de

Das Leben des Flugpioniers Otto Lilienthal,14 Rekonstruktionen von Fluggleitern, Originalfotos, phantastische Flugmodelle, Drachen, Simulatoren, Dia-Audio-Schau

Der Ikarus aus Vorpommern

Leonardo da Vinci, der große Visionär der Renaissance, entwarf bereits an der Schwelle zum 16. Jahrhundert den ersten Flugapparat. Erstaunlicherweise vergingen aber noch einmal vierhundert Jahre, bis sich tatsächlich der erste Mensch in die Lüfte schwang. Dieser Ikarus war Otto Lilienthal aus Anklam in Vorpommern, wo er am 23. Mai 1848 als Sohn eines Tuchhändlers geboren wurde. 1891 gelangen dem gelernten Maschinenbauingenieur mit selbst konstruierten Fluggleitern, die Fledermausflügeln sehr ähnlich sahen, die ersten Luftsprünge von 10 bis 25 Metern. Rund 2000 Flugversuche bis zu 300 Metern sollten folgen. 1896 verunglückt Lilienthal schließlich bei einem seiner Flugversuche in den Stöllner Bergen tödlich. Seine Methode, den Störchen abgeschaut,findet Nachahmer in aller Welt und markiert den Beginn des Flugzeitalters. Anklam ehrte seinen großen Sohn 1991 mit der Eröffnung eines eigenen Museums, das sowohl auf die Kulturgeschichte des Fliegens als auch auf Lilienthals Experimente eingeht. Schwerpunkt der Ausstellung bilden 14 Flugapparate Lilienthals, die der Magdeburger Ingenieur Stephan Nitsch für das Anklamer Museum nachgebaut hat. Viele der filigranen Fluggleiter hängen unter einem lichtdurchfluteten Glasdach, so dass das Blau des Himmels durchscheint. »Fliegen lernen« und »Physik vom Fliegen«

Otto Lilienthal bei einem seiner Flugversuche (nachgestellte Szene)

Ausstellungshallte mit Fluggleitern (Foto: Maciejewski)

sind zwei weitere Ausstellungsbereiche, in denen Besucher an Similatoren per Knopfdruck Experimente durchführen können. Trickfilmsequenzen und eine Dia-Audio-Schau erläutern den uralten »Traum vom Fliegen«. Kuriosum am Rande: Die Brüder von Otto Lilienthal waren die Erfinder der bekannten »Anker-Bausteine«. In einer Spielecke können sich Kinder mit den Bausteinen vergnügen, solange die Eltern dem Traum vom Fliegen nachhängen.

Phantastisches Luftschiffentwurf »Minerva«, 1784

Öffnungszeiten: Okt. bis April Di – Fr. 10 – 16 Uhr, So 14 – 17 Uhr, Sa geschlossen, Mai bis Sept. Di – Fr 10 – 17 Uhr, Sa + So 14 – 17 Uhr
Eintrittspreise: Ew.: 2 Euro, Ki., Schüler, Auszubildende, Gruppen 1 Euro, Schulklassen 0,50 Euro
Führungen: 15 Euro
Anreise: Anklam, das Tor zur Insel Usedom, ist über B 109, B 110, B 197 und B 199 zur erreichen.
Das Museum liegt ca. 200 m vom Bahnhof Anklam entfernt
Parken: Stellplätze vor dem Museum
Behindertengerecht: nein

Tipp: In Anklam lohnt ein Blick in die Marienkirche (13. Jahrhundert) mit gotischen Wandmalereien. Nördlich der Stadt erstreckt sich das Naturschutzgebiet Peenetalmoor, Lebensraum von Biber, Fischotter und anderen seltenen Tieren. Teilgebiete lassen sich per Ruderboot erschließen (Bootsverleih).

Bad Bevensen

②

Museum der 50er Jahre

Am Bahnhof 6
(Bahnhofsgebäude)
29549 Bad Bevensen
Tel. 0 581/1 76 06
www.museum-der-50er.city-map.de

Tütenlampen, Nierentische, Cocktailsessel, Musiktruhen, Küchengerät, Plakate, Zeitschriften, Schallplatten, Gläser, Wiking-Modellautos, Margarinefiguren

Auf der Suche nach dem Glück von gestern

Wenn unten ein ICE vorbeidonnert, klirren die Cocktailgläser, die Tütenlampen erzittern und die Diamantnadel schrammt mit heiseren Kratzgeräuschen über die Rudi-Schuricke-Platte. Fast so originell wie diese Sammlung ist auch ihr Unterbringungsort. Denn das kleine 50er Jahre-Museum residiert im obersten Stockwerk des Bad Bevenser Bahnhofgebäudes. Als ihm 1997 die Bundesbahn die Räume zur Miete anbot, schlug der Uelzener Sammler Wilfried Kindlein sofort zu, denn bis dahin hatte er mit seinem Museum schon eine längere Odyssee hinter sich. Nun scheint er den richtigen Ort gefunden zu haben. Im Heilbad Bevensen macht genau die Nachkriegsgeneration Urlaub, die sich nur allzu gerne an die »Goldenen 50er« erinnert. An jene Gründerjahre der Bundesrepublik, als man noch richtig zupackte, bis die Schornsteine mit der Zigarre des damaligen Wirtschaftsministers Erhard um die Wette qualmten. Für viele wird der Museumsbesuch zu einem wehmütigen Nostalgie-Trip in die eigene Vergangenheit. Unfassbar, das hat man alles schon mal gesehen! Die postmoderne Schalengarnitur – über sechshundert Mark haben die Eltern dafür hingeblättert. Dort, in der Ecke, der erste Fernseher von

Phonotisch, Kofferplattenspieler – alles im Stil der 50er Jahre

Grundig, 43er-Bildröhre. Eine Musiktruhe von Loewe-Opta mit Zehn-Platten-Wechsler, stolzer Mittelpunkt jeder Familienfeier. Der Zigarettenigel und der kitschige Ständer für Salzstangen, Mutters alter Staubsauger Marke »Kobold«, Sigella-Bohnerwachs und Petticoat-Spezialstärke, plumpe Röhren-Jeans und der elfenbeinfarbene Phonokoffer mit dem magischen grünen Auge – mein Gott, ist das alles schon so lange her? In mancherlei Hinsicht zeigten sich die »Fünfziger« auch recht innovativ. Es gab schon tragbare Kofferplattenspieler und die erste Quellux-Höhensonne. Sogar der Anrufbeantworter war schon erfunden. »Alibiphon« hieß das unförmige Gerät, das Wilfried Kindlein in einer Uelzener Zahnarztpraxis aufstöberte.

Nahrungs- und Pflegemittel, originalverpackt aus den »Goldenen Fünfzigern«

Öffnungszeiten: Sa, So und feiertags 14 – 18 Uhr und nach Vereinbarung

Eintrittspreise: Ew. 2 Euro, Ki. (bis 14 J.) 1,50 Euro, Gruppen (ab 10 Pers.) 1,50 Euro

Führungen: nach Absprache durch den Museumsinhaber

Anreise: B 4 Lüneburg – Uelzen, Abzweig Bad Bevensen. Bahnstrecke Hamburg – Hannover (IR-Station)

Parken: vor dem Bahnhofsgebäude

Behindertengerecht: Treppe, deshalb für Behinderte nicht geeignet

Tipp: Für Ausflügler hat Bad Bevensen viel zu bieten: das Zisterzienser-Kloster Medingen, Jod-Sole-Thermalbad, Saunalandschaft, Bootsverleih auf der Ilmenau und den neuen »Garten der Sinne« im Kurpark.

Bad Oeynhausen

③

Deutsches Märchen- und Wesersagen-Museum

Am Kurpark 3
32543 Bad Oeynhausen
Tel. 0 57 31/22 4 28
Fax 0 57 31/22 0 48

Märchenbücher, Illustrationen, alte Stiche, moderne Grafik, PC mit Märchenspielen, Kasperletheater. Für Märchen-Fans und Wissenschaftler steht außerdem eine 13 000 Bände umfassende Spezial-Bibliothek zur Verfügung.

Sieben auf einen Streich

Kinderaugen strahlen, wenn die Stimme im schweren Eichensessel geheimnisvoll anhebt: »Es war einmal–«

Hans im Glück – historische Märchendarstellung

Im ersten Märchen-Museum der Welt müssen Schneewittchen, Frau Holle und König Drosselbart nicht erst zum Leben erweckt werden – hier sind sie seit vielen Jahren zu Hause. Jeden 1. Freitag im Monat (16 Uhr) finden sich große und kleine Zuhörer zur offiziellen Märchenstunde zusammen. Dann darf der Prinz sein Dornröschen wachküssen, erschlägt das tapfere Schneiderlein Fliegen – »sieben auf einen Streich« – , wickelt Hans im Glück seine Tauschgeschäfte ab. Das kleine Museum am Bad Oeynhausener Kurpark begreift sich selbst als Prototyp des lebendigen Museums, als »Museum zum Anfassen«. Alles, was nicht berührt werden soll, ist in Vitrinen untergebracht. Zu einem Teil ist dies der Nachlass des Literaturwissenschaftlers Karl Paetow (1903 – 1992), der im Laufe seines Lebens eine umfangreiche Märchensammlung zusammengetragen hat – einen Riesenfundus aus illustrierten Märchenbüchern und Märchengrafik aus vielen Epochen, von dem aus Platzmangel leider nur ein Bruchteil gezeigt werden kann. Ein Raum widmet sich sich der »Anderswelt« im Märchen, ein weiterer der modernen Kunst. Hier werden u. a. auch die Märchenpiktogramme der Schweizer Künstlerin Warja Lavater präsentiert. Im Erzählraum finden sich besonders kostbare Märchenbilder sowie ein sogenannter Märchenofen aus der Zeit um 1900 mit den Darstellungen des Märchens von den »Sieben Raben und der treuen Schwester« nach einem Zyklus von Moritz von Schwind. Ein PC mit Märchenspielen auf CD-Rom, ein Maltisch und ein Kasperletheater dürften vor allem kleine Besucher interessieren. Bei einer Vitrine darf geraten werden: Welcher Gegenstand gehört zu welchem Märchen? Wer die Lösung nicht kennt, darf in den vielen Büchern in der Lese-Ecke nach der richtigen Antwort suchen.

Der Froschkönig – Ölkreide von Stefanie Erlen

Öffnungszeiten: Di bis So 10 – 12 und 14 – 17 Uhr
Eintrittspreise: Ew. –,50 Euro, Ki. –,25 Euro, Märchenerzählstunde Ew. 2 Euro, Ki. 1 Euro, für Gruppen nach Voranmeldung 20 Euro
Führungen: auf Anfrage
Anreise: A 2 Hannover – Dortmund, A 30 Hannover – Osnabrück. Abfahrt Bad Oeynhausen,den Schildern zum Kurpark folgen; ab Bahnhof 4 Minuten Fußweg
Parken: diverse Parkhäuser in der Innenstadt (gebührenpflichtig)
Behindertengerecht: untere Etage problemlos, aber kein Behinderten-WC vorhanden

Tipp: Spezielle Angebote des Museums lassen den Kindergeburtstag zu einem unvergesslichen Erlebnis werden. Sie können eine Vorlesestunde für die kleine Gesellschaft buchen (20 Euro), eine Schneewittchen-Party veranstalten (30 Euro), auf Gespensterjagd gehen (30 Euro) oder mit »Aladdin« die tollsten Abenteuer erleben (30 Euro).

Barsbüttel

④

Büromaschinen-Museum

Am Eichenhain 7
22885 Barsbüttel
Ortsteil Willinghusen,
Tel. 0 40/710 61 80
Fax 0 40/710 28 28
www.bueromaschinenmuseum.citymap.de

2000 Schreib-, Rechen-, Buchungs- und Fakturiermaschinen, Handkurbel-Rechenmaschinen, NEMA-Verschlüsselungsmaschine, ältere Computer, Lochkarten, Magnetbänder, Floppy-Disks und Festplatten.

Von Abakus bis Zuse

Am Rande der Millionenstadt Hamburg steht ein Museum, wie es in Deutschland einmalig ist. Vom Keller bis zum Dachboden, vom Gästezimmer über das Treppenhaus und sogar auf dem stillen Örtchen sind alle Räume eines Privathauses mit Büromaschinen vollgestopft. Besitzer dieser umfangreichen Sammlung ist der Kommunikationstechniker Hartmut Koch. 1974 geriet er zufällig in den Besitz einer Buchungsmaschine Marke »Triumph«, Baujahr 1925. Die komplizierte Mechanik faszinierte ihn, und er begann sich nach weiteren Maschinen umzusehen. Ältere Schreib-, Handkurbel- und Fakturiermaschinen folgten. Die Sammlung wuchs in einer Geschwindigkeit, dass schon nach zehn Jahren die Entwicklungsgeschichte der Schreibmaschine lückenlos dargestellt werden konnte. Daneben fielen Hartmut Koch auch reichlich Kuriositäten in die Hände. Zum Beispiel eine 1400 Schriftzeichen umfassende japanische Zeigerschreibmaschine, eine Reiseschreibmaschine mit eingebautem Radio und eine Additionsmaschine für Linkshänder. Blinden- und Stenoschreibmaschinen sind ebenfalls in dem Barsbütteler Haus zu besichtigen, außerdem der erste Tischrechner der Welt, der 1962 zum Preis eines VW-Käfers auf den Markt kam, Laptops der ersten Generation bis zum heutigen mobilen Notebook. Vom römischen Abakus über Rechen- und Büromaschinen zieht sich ein roter Faden bis hin zur heutigen Computertechnik. Jeder Innovationssprung findet deshalb auch Eingang in Kochs Museum. Man kann hier z. B. einen Blick auf das Innenleben heutiger Rechner werfen. Zu sehen ist

hochmoderne Chip-Technologie bis zum fertigen 256-M bit Chip, und auch die Entwicklung der Datenträger wird dokumentiert – von Lochkarten über Magnetbänder bis zu Floppy-Disk und CD-Rom. Seinen größten Wunsch konnte sich Hartmut Koch jedoch nicht erfüllen. Gerne hätte er noch einen Rechner des Computer-Pioniers Konrad Zuse in seiner Sammlung. Der legendäre Z 3, der erste Zuse-Computer, ist allerdings so voluminös, dass er nicht mehr in das Barsbütteler Haus passen würde.

Bis unters Dach voll mit Büromaschinen

Öffnungszeiten: nach telefonischer Vereinbarung
Eintrittspreise: frei
Führungen: eine halbe bis zwei Stunden (kostenlos)
Anreise: Von der Landstraße Barsbüttel – Glinde abbiegen in den Ortsteil Willinghusen, etwa 1 km auf der Barsbüttler Landstraße bleiben. Innerhalb der scharfen Linkskurve rechts abbiegen, dann erste Straße rechts. Ab Hamburg-Wandsbek-ZOB Bus 10 bis Haltestelle Alte Dorfstraße
Parken: Stellplätze vor dem Haus
Behindertengerecht: nein

Tipp: Erfrischungen erwarten Sie im benachbarten Gasthaus »Kutscherkroog«, Alte Dorfstraße 14. Von Willinghusen führt ein Wanderweg zum Glinder Mühlenteich, wo Sie eine alte Wassermühle besichtigen können.

Bendestorf ⑤

Film-Museum

Poststr. 4
Makens-Huus
21227 Bendestorf
Tel. 0 41 83/73 82
Fax 0 41 83/75 82

Filmtechnik der frühen Nachkriegsjahre, Kameras, Scheinwerfer, Tonmischpulte, Filmplakate, Original-Drehbücher, Starfotos, Autogrammkarten, nachgestellte Filmszene

Hollywood in der Nordheide

In den letzten Kriegsmonaten verschlug es den bekannten Drehbuchautor Rolf Meyer von Berlin in den Heideort Bendestorf bei Hamburg. Nachdem er sich einige Zeit als Lkw-Fahrer verdingt hatte, gründete er 1947 die Produktionsfirma »Junge Film Union – Rolf Meyer«, Hamburg-Berlin. Mit der Lizenzvergabe durch die britische Militärregierung (Aktenzeichen C. 8. 5. F) schlug praktisch auch die Geburtsstunde des »Filmdorfes« Bendestorf. Mit viel Enthusiasmus und Improvisationstalent begann eine Handvoll Filmbesessener schon wenige Monate später einen der ersten deutschen Nachkriegsfilme zu drehen, den Streifen »Menschen in Gottes Hand« (in den Hauptrollen Paul Dahlke und Gerty Soltau, Regie Rolf Meyer). Als Studio musste zu diesem Zeitpunkt noch der Tanzsaal des Bendestorfer Gasthauses »Zum Schlangenbaum« herhalten. Das änderte sich rasch, als 1948 der erste Atelierbau errichtet wurde, dem 1950 ein Erweiterungsbau folgte. Das ehemals unbedeutende Heidedorf wurde zum Hollywood Norddeutschlands. Rund 100 Spielfilme wurden bis 1991 in den Bendestorfer Ateliers abgedreht, darunter so bekannte Produktionen wie »Die Sünderin« mit Hildegard Knef (1950), »Szardasfürstin« mit Marika Rökk (1951), »Suchkind 312« mit Alexander Kerst (1956), »Der blaue Nachfalter« mit Zarah Leander (1959), »Das gelbe Haus am Pinnasberg« mit Judy Winter (1979) und »Der

Marika Rökk und Johannes Heesters, Super-Stars der Nachkriegszeit

Schimmelreiter« mit Gert Fröbe (1978). Filmstars wie Theo Lingen, Grete Weiser, Johannes Heesters, Barbara Rütting, Karl-Heinz Böhm, Winnie Markus, Hardy Krüger, Horst Buchholz, Anthony Perkins und George Nader gaben sich in Bendestorf die Klinke in die Hand. In den vergangenen Jahrzehnten haben die Bendestorfer Ateliers an Bedeutung verloren. Das 1989 in einem alten Bauernhaus eröffnete Film-Museum will an die glorreiche Zeit des Ortes anknüpfen. Ausgestellt sind zahlreiche Filmaufnahmegeräte aus den 50er-Jahren, Filmplakate, Original-Drehbücher, Szenebilder und Starfotos mit eigenhändiger Unterschrift.

Umstrittener Film: »Die Sünderin« mit der jüngst verstorbenen Hildegard Knef

Öffnungszeiten: Okt. bis April Di, Do, Fr 9 – 11.30 Uhr, Di auch 14 – 17.30 Uhr, Sa + So 14 – 16 Uhr, Mai bis Sept. Sa + So 14 – 17 Uhr, Gruppen zu Sonderzeiten nach vorheriger Anmeldung

Führungen: auf Anfrage

Eintrittspreise: Ew.: 1 Euro,
Ki. (bis 12 J.) –,50 Euro

Anreise: A 7 Hamburg – Hannover, Ausfahrt Ramelsloh, Landstraße Richtung Buchholz/Nordheide

Parken: im Dorfzentrum und vor dem Museum

Behindertengerecht: ja

Tipp: Wollen Sie selbst Ihre Erinnerungen an einen Nachkriegsfilm auffrischen? Der Video-Raum des Museums bietet mehr als 35 von in den Studios gedrehten Filmen zur Auswahl. Nach vorheriger Anmeldung wird ein Film auf Wunsch vorgeführt (1 Euro pro Person, pro Vorstellung mindestens 2,50 Euro).

Binz auf Rügen

⑥

Fälscher-Museum

Margaretenstr. 20
18609 Binz
Tel. 0 38 393/13 148
Fax 0 38 393/13 151
www.binz.de

70 »echte Fälschungen« von Van Gogh, Monet, Renoir, Klimt, Schiele, Degas, Cézanne, Turner, Macke, Toulouse-Lautrec, Rembrandt und anderen

Lothar Malskat lässt grüßen

Hochkarätige Maler sind in der Binzer »Galerie Jahreszeiten« vertreten. Da blühen Van Goghs Sonnenblumen, lächelt Da Vincis Mona Lisa versonnen in den Raum und auch Gauguins Südseeschönheiten fühlen sich an der kühlen Ostsee pudelwohl. Unter den siebzig Meisterwerken, die hier hängen, dürfen natürlich auch die Kreidefelsen von Caspar David Friedrich nicht fehlen. Klar, dass es sich dabei nicht um die millionenschweren Originale handelt – im Ostseebad Binz werden handgemalte Reproduktionen gezeigt. Schnell hat sich für diese außergewöhnliche Ausstellung der Name »Fälscher-Museum« eingebürgert. Dahinter steht die Idee, dass in den vergangenen Jahrzehnten auf spektakulären Kunstauktionen einmalige Werke von Vincent van Gogh, Auguste Renoir, Claude Monet und weiteren großen Malern zu astronomischen Preisen ersteigert wurden, um anschließend in gut gesicherten Tresoren zu verschwinden. Für unsere Augen sind sie damit ein für alle Mal verloren. Diese Lücke schließt nun das

Caspar David Friedrich »Kreidefelsen auf Rügen«

Binzer Museum. Amtlich bestellte »Fälscher« (Kunstmaler und Restauratoren) arbeiten für diese Ausstellung – Lothar Malskat und Konrad Kujau lassen grüßen! Mit viel Akribie wird die Maltechnik der großen Vorbilder nachgeahmt. Benutzt wird der gleiche Malgrund wie das Original, sei es Holz, Karton, Papier oder Leinwand, auch Altersrisse werden in einer speziellen Technik aufgetragen. Und falls begeisterte Besucher die Bilder selbst über ihrem Wohnzimmertisch haben möchten, sie können sie an Ort und Stelle erwerben. Die Gemälde verfügen über ein Zertifikat, das sie als »echte Fälschung« auszeichnet.

Auguste Renoir
»Le Moulin de la Galette«

Öffnungszeiten: Di bis So 10 – 18 Uhr

Eintrittspreise: Ew. 3,50 Euro, mit Kurkarte 2,50 Euro, Ki. frei, ermäßigt (Schüler, Auszubildende, Schwerbeschädigte, sowie Inhaber der Rügen-Card) 1,50 Euro

Führungen: auf Anfrage

Anreise: ab Stralsund über Rügendamm, B 96, B 196. Binz ist IC-Station. Das Museum liegt nur wenige Schritte von Seebrücke und Strandpromenade entfernt.

Parken: nächstes Parkhaus an der Jasmunder Straße (gebührenpflichtig)

Behindertengerecht: ebenerdig

Franz Marc
»Die gelben Pferde«

Tipp: Auch vor kleinen Fälschern ist kein Meister sicher! Kinder (ab 4 J.) treffen sich immer mittwochs zur Kinder-Fälscherwerkstatt. Zwischen 14 und 16 Uhr darf hemmungslos »gefälscht« werden. Jedes Kind kann sich sein Lieblingsbild aussuchen und mit Ölkreide oder Pastellfarben abmalen (Kostenbeitrag 1,50 Euro).

Binz auf Rügen

⑦

Historisches Prora-Museum

Objektstr. 3
18609 Binz
Tel./Fax 0 38 393/
32 640
www.museum-prora.de

KdF-Musterzimmer und Küche, zahlreiche Dokumente aus der Planungsphase, Fotos von der NVA-Nutzung, Multivisions-Show zur Geschichte der Anlage

Der Koloss von Rügen

Als nach der Wende 1990 die ersten Westdeutschen auf die Insel Rügen strömten, war das Entsetzen groß. Östlich von Binz, in der landschaftlich schönen Schmalen Heide an der Prorer Wiek, stießen sie auf eine vier Kilometer lange Geisterstadt, einen Architektur-Torso, der im westlichen Teil unseres Landes fast in Vergessenheit geraten war. Es handelte sich um das nie vollendete »Seebad Rügen« der national-sozialistischen Freizeitorganisation »Kraft durch Freude« (KdF). Rund 20 000 Menschen (!) sollte der Koloss Unterkunft bieten, alle zehn Tage war in diesem Großprojekt der NS-Architektur ein Bettenwechsel vorgesehen. Zum einen wollte man kostengünstige Urlaubsplätze – auch für kinderreiche Familien – schaffen, zum anderen sah man darin auch eine wirksame Form der ideologischen Beeinflussung im Sinne der NS-Volksgemeinschaft. Im Jahre 1935 wurde der Gebäudekomplex vom Kölner Architekten Clemens Klotz geplant, im Mai 1936 war Grundsteinlegung. Nach Kriegsausbruch wurden nur noch die geplanten acht Unterkunftshäuser im Rohbau fertig gestellt, und nach 1945 wurden die Gebäude fast ausschließlich für militärische Zweck genutzt. Bis 1990 war das riesige Areal – nur durch Wald und Dünen vom schönen Sandstrand getrennt – ein abgesichertes Sperrgebiet. Seitdem gibt es für das inzwischen denkmalgeschützte Bau-Ensemble die unterschiedlichsten Nutzungskonzepte. Ob nun Jugendherberge, Hotel, Klinik, Seminarheim oder Kulturhaus, eine Realisierung scheiterte bisher daran, dass sich keine Investoren fanden oder schnell wieder absprangen. In dem vier Kilometer langen Gebäude gilt es, 150 000 Quadratmeter Fläche

Prora-Musterzimmer. Hier sollten die Deutschen Urlaub machen

und 9 847 fertig gestellte Zimmer einer sinnvollen Nutzung zuzuführen – eine kaum zu

Die vier Kilometer lange Geisterstadt am Prorer Wiek

bewältigende Aufgabe. Immerhin hat sich in einem der Flügel das Prora-Museum etabliert, das sich bemüht, auf vier Stockwerken die komplette Geschichte des Bauwerks aufzuarbeiten. Besucher sehen Planungsmodelle, Zeichnungen und Fotos aus der Bauphase, in weiteren Räumen hängen Fotos, Urkunden und Geräte der Nationalen Volksarmee. Mittelpunkt der gruseligen Reise in die Vergangenheit bilden eine Küche aus den Dreißiger Jahren und ein Musterzimmer mit zwei einfachen Betten, Tisch und Schrank. Man war bescheiden damals – in dieser spartanischen Umgebung sollten die Deutschen ihren Urlaub verbringen.

Öffnungszeiten: April bis September täglich 10 – 18 Uhr, Oktober bis März täglich 10 – 16 Uhr

Eintrittspreise: Ew. 4 Euro, Ki. (3 bis 6 J.) 2,50 Euro, Familienkarte 8,50 Euro, Gruppen (ab 8 Pers.) Ew. 3 Euro, Ki. 2 Euro

Führungen: Di 10 Uhr oder nach Vereinbarung, 2,50 Euro pro Person

Anreise: ab Binz Landstraße Richtung Sassnitz, ab Bergen (Rügen) B 196 a, Hinweisschilder »Prora« bzw. »KdF-Museum« beachten

Parken: in ausreichender Zahl vor dem Gebäudekomplex

Behindertengerecht: Eingang stufenlos, Fahrstuhl zwischen den Stockwerken

Tipp: In der Nachbarschaft zum Historischen Prora-Museum haben sich ein eigenständiges »KdF-Museum«, »NVA-Museum«, »Rügen-Museum« sowie die Erlebnis-Museen »Wasserwelt« und »Museum zum Anfassen« niedergelassen. Bei Regenwetter können Sie sich also von Museum zu Museum treiben lassen.

Birkenmoor

⑧

Feuerwehr-Museum

Osdorfer Landstr. 23
24229 Birkenmoor
Tel. 0 43 08/2 39
www.Feuerwehrmuseum-Birkenmoor.de

Alte Feuerwehrfahrzeuge, Drehleiter von 1923, Handdruckspritzen, Löscheimer, Strahlrohre, Uniformen, Orden, 300 Feuerwehrhelme

Fünf Mark für eine Tröte

Die Idee wurde geboren, als er einen kleinen Jungen mit einem Alarmhorn spielen sah. Kurzentschlossen schnackte Oswald Wohlfahrt dem Kind die Tröte für

Magirus-Drehleiter von 1943

fünf Mark ab. Das war 1970. Seitdem hat der ehemalige Landwirt rund 1000 Gegenstände zusammengetragen, die in irgendeiner Form mit Feuerschutz zu tun haben: Oldtimer-Fahrzeuge, Handdruckspritzen, Motorspritzen, Leitern, Hakengurte, Löscheimer, Strahlrohre, Uniformen, Orden und Ehrenzeichen. Besonders stolz ist Oswald Wohlfahrt, der selbst 45 Jahre lang Angehöriger der Freiwilligen Feuerwehr war, auf seine Magirus-Drehleiter Baujahr 1923 und eine 300 Stücke umfassende Helmsammlung. Ältestes Exponat ist ein Ledereimer von 1760. Da die Räumlichkeiten schon bald aus allen Nähten platzten, hat Oswald Wohlfahrt immer wieder angebaut und seinen landwirtschaftlichen Betrieb schließlich ganz in ein Museum umgewandelt.

Öffnungszeiten: 1. Mai bis 30. September
Mi, Sa und So 9 – 17 Uhr
oder nach telefonischer Vereinbarung

Eintrittspreise: Ew. 2 Euro, Ki. 1,50 Euro, Gruppen 2 Euro pro Person, Führungen nach Anmeldung

Anreise: B 76 Kiel – Gettorf, auf Landstraße über Osdorf nach Birkenmoor (ca.8 km)

Parken: ausreichend vor dem Museum

Behindertengerecht: Die unteren Räume sind für Rollstuhlfahrer zugänglich.

Tipp: In rund sieben Kilometer Entfernung liegt in einer schönen Gartenanlage der Tierpark Gettorf. In den Volieren und Außengehegen leben 900 exotische und einheimische Tiere. Bei Kindern besonders beliebt sind die Affengehege und der kleine Lego-Spielplatz. Ganzjährig geöffnet, Auskünfte Tel. 0 43 46/ 41 60 -0.

Dicht an dicht stehen Geräte im Ausstellungsraum

Borgentreich

Orgel-Museum

⑨

Markstr. 6
34434 Borgentreich
Tel. 0 56 43/12 12
Fax 0 56 43/6 37
www.borgentreich.de

Alles zum Thema Orgelbau: Pfeifen, Register, Spieltische, Windladen, Pläne, Zeichnungen, Ton-Dia-Schau. Kleine Sammlung von Flötenuhren, Vogelorgeln und anderen mechanischen Instrumenten

Hier darf man alle Register ziehen

Eine kostbare Fracht, auf 32 Ackerwagen gepackt, transportierten im Jahre 1803 Borgentreicher Bürger in ihre Heimatstadt: Die 1730 vom bedeutenden Orgelbaumeister Johann Patroclus Möller erbaute große Barockorgel aus dem nahe gelegenen Kloster Dalheim. Sie fand in der Pfarrkirche einen neuen Platz – und hier kann das seltene Instrument, das nach dem Prinzip der Springlade funktioniert, noch heute in Augenschein genommen werden. Dank dieser Konstruktionsweise zählt die historische Orgel zu den berühmten Denkmalorgeln Europas. Für Fans der Orgelmusik war dies Anlass genug, für Borgentreich ein Orgel-Museum vorzusehen. Da kam ihnen 1980 gerade recht, dass die Stadtverwaltung ihr Rathaus zugunsten eines Neubaus aufgab. Das neue Museum konnte in das spätklassizistische Gebäude von 1850 einziehen. Besucher müssen keine Orgelspezialisten sein – ganz im Gegenteil. »Berühren erlaubt«, heißt die Devise. Man darf Register ziehen, Klaviaturen betätigen, Tasten drücken, Funktionsmodelle in Gang setzen oder eine zehn Meter lange Pfeife ertönen lassen. Besucher sollen ein Gefühl für die Klangfülle der »Königin der Instrumente« bekommen. Sichtbaren Einblick in das Innenleben einer Orgel geben Nachbildungen von Schleif- und Kegellade. Fasziniert erleben

Serinette: eine Vogelstimmen imitierende Drehorgel aus dem 19. Jahrhundert

Besucher, wie durch einen großen Balg »Wind« entsteht, der zu unterschiedlichen Pfeifen geführt wird. Das Museum präsentiert viele Originalteile aus dem Orgelbau wie Spieltische, Windladen, Metalle, Hölzer und Werkzeuge. Daneben gibt es aber manch kurioses Exponat wie Flötenuhr, Zimbelstern, Nachtigall, Kuckuck oder Glockenspiel. Auch eine Drehorgel (Anfang 20. Jahrhundert) ist zu bewundern. Pläne, Zeichnungen, Videofilme, Literatur und eine Ton-Dia-Schau ergänzen die Orgel-Ausstellung im alten Rathaus.

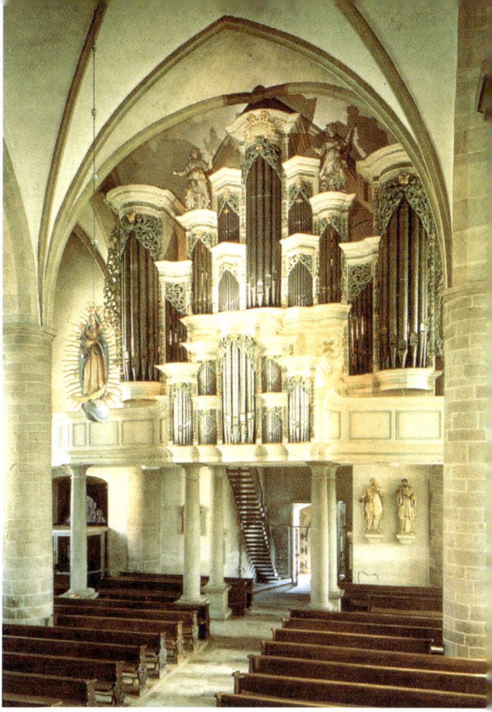

Größte erhaltene doppelte Springladenorgel aus dem 17. Jahrhundert. Zu bewundern in der Pfarrkirche (Fotos: Guthenke)

Öffnungszeiten: Do bis Fr + So 14.30 – 17.30, Sa 9.30 – 11.30 und 14.30 – 17.30 Uhr

Eintrittspreise: Ew. 2 Euro, Ki. (6 bis 16 J.) 1 Euro, Gruppen (ab 10 Pers.) 1,50 Euro, ermäßigt (Studenten, Arbeitslose, Senioren) 1 Euro

Führungen: nach Voranmeldung an jedem Tag möglich, 1,50 Euro pro Person, mindestens 24 Euro

Anreise: A 44 Dortmund – Kassel, Abfahrt Warburg, Richtung Beverungen. Mit der Bahn bis Warburg

Parken: vor dem Museum

Behindertengerecht: ja (Fahrstuhl)

Tipp: Regelmäßig gibt es Vorführungen und Konzerte an der historischen Denkmalorgel in der Pfarrkirche. Termine unter Tel. 0 56 43/3 39 oder 80 90

Bremen ⑩

Azaleen-Museum im Botanischen Garten

Marcusallee 60
28359 Bremen
Tel. 04 21/3 61–3025
Fax 04 21/361–3610
www.bremen.de/info/stadtgruen/Azaleen.htm

Für Garten- und Blumenfreunde: 450 historische Topfazaleen aus zwei Jahrhunderten

Nische für sensible Schönheiten

Immer, wenn Gärtner Pflanzen verändern, selektieren und bestimmte Eigenschaften an- oder wegzüchten, bleiben die ursprünglichen, historischen Züchtungen auf der Strecke. Wenn sich nicht ambitionierte Züchter ihrer annehmen, gehen sie ein für alle Mal verloren. Blumenfreunde beschlossen deshalb 1975, eine Sammlung aller noch verfügbaren Azaleen-Sorten aufzubauen und wählten dafür den Rhododendronpark im Botanischen Garten Bremen als Standort. Wer sich hier über die Geschichte der sensiblen Pflanzen informieren möchte, erfährt zum Beispiel, dass Kapitän Wellbank im Jahr 1808 erstmalig die Stammeltern der Topfazaleen von China nach Europa brachte. In Dresden tauchte 1843 die erste deutsche Sorte »Aurora« auf. Sie gilt heute als verschollen. Ein Grund mehr, ihren Nachkommen ein schattiges Plätzchen im Bremer Gewächshaus zu sichern. Etwa 450 wohlbehütete Sorten entfalten hier von März bis April ihre Blütenpracht. Die älteste Topfazalee ist die üppige Schönheit »Concinna«, entstanden 1849. In ihrer Nachbarschaft behaupten sich nicht weniger prächtig »Niobe« (1879), »Madame van der Cruyssen« (1867), »Madame Petrick« (1880) und die wuchernd rote »Hexe« (1888). Weit jüngeren Da-

Azaleen in üppiger Pracht stehen im Gewächshaus

tums, aber auch schon ein Klassiker, ist die karmesinrote »Olympia«, die zur Olympiade 1936 ihre Geburtsstunde erlebte. Je jünger die Züchtung, desto widerstandsfähiger werden die Pflanzen, desto fülliger die Blüten und raffinierter das Farbenkleid. So wie die schöne »Berlinerin«, deren lachsrote Blüten mit weißem Rand jeden Azaleen-Fan in Verzückung versetzt. Die Bremer Sammlung bietet nicht nur bedrohten Sorten eine Überlebensnische, sie dient auch dazu, das unersetzliche Erbgut dieser Pflanzengruppe für Wissenschaft und Gartenbau zu erhalten.

Im Sortimentsgarten gedeihen winterharte Rhododendron-Sorten

Öffnungszeiten: 20. März bis 1. Mai, täglich 10 – 16 Uhr
Eintrittspreise: frei
Führungen: auf Anfrage
Anreise: A 27 Hannover – Bremen – Bremerhaven, Abfahrt Neue Vahr, Franz-Schütte-Allee Richtung Stadtmitte, abbiegen nach rechts in die Bürgermeister-Spitta-Allee, am Ende wieder nach rechts in die Marcusallee. Straßenbahnlinie 4 Innenstadt – Horn-Lehe, Buslinien 20, 21, 30 und 34 jeweils Richtung Horn oder Leher Feld.
Parken: in Marcusallee und Deliusweg
Behindertengerecht: ja

Tipp: Lassen Sie sich auch von den übrigen Attraktionen des Botanischen Gartens verzaubern! Hauptblütezeit im Rhododendronpark ist in der zweiten Mai-Hälfte, der Rosengarten steht von Juni bis September in voller Blüte, der Heidegarten von August bis November. Und ein Besuch der Fuchsien-Schau lohnt vor allem zwischen Juni und September.

Bremen

(11)

Bremer Rundfunk-Museum

Findorffstr. 22 – 24
28215 Bremen
Tel. 04 21/35 74 06
oder 35 37 97
Fax 04 21/350 63 88
www.bremer-rundfunkmuseum.de

Alles seit Erfindung des Radios: Detektoren, Volksempfänger, Kofferradios, Musiktruhen, Fernseher, Plattenspieler. Außerdem das Tonstudio eines Gesang-Stars der Vierziger-Jahre

Opas gutes altes Dampfradio

Die Freude war groß bei den Vereinsmitgliedern des Bremer Rundfunk-Museums. Anfang Januar 2000 konnten Sie in neue Räumlichkeiten in der Findorffstraße umziehen. Statt wie bisher auf 100 Quadratmetern breiten sich ihre Schätze nun auf mehr als der dreifachen Fläche aus: Detektoren und Röhrenradios aus den frühen Zwanzigern, Volksempfänger (die berüchtigte »Goebbelsschnauze«) aus den Dreißigern, Behelfsgeräte aus Wehrmachtsteilen der Nachkriegszeit, Kofferradios und die ersten Grundig-Fernseher aus den Wirtschaftswunderjahren. Raum war nun auch für ein komplettes Wohnzimmer aus den Fünfziger-Jahren, das original mit Wohnzimmerschrank, Klubsessel, Tütenlampe und einer wuchtigen Musiktruhe ausgestattet ist.

Empfänger und Lautsprecher der Zwanziger Jahre

Aus den goldenen Jahren der Bundesrepublik stammt auch der legendäre »Schneewittchensarg« der Firma Braun. Die schnörkellose Formgebung des Plattenspielers leitete eine neue Ära in der Design-Geschichte ein. Eine Sonderschau ist dem Schallbandspieler »Tefifon« gewidmet. So wurde eine Neuentwicklung der Fünfziger-Jahre bezeichnet, die heute fast vergessen ist. Sein Vorteil gegenüber Plattenspielern: eine Stunde Spieldauer pro Band gegenüber drei

Auch ein komplettes Wohnzimmer der Fünfziger Jahre ist zu besichtigen

Minuten pro Plattenseite. Knüller der rund 1 500 Geräte umfassenden Sammlung ist u. a. die »Pfeifende Johanna« von 1933. Die Firma Telefunken hoffte damals, durch Weglassen einer Röhre die Kosten für ihre Rundfunkempfänger senken zu können. Leider erzeugte das 225 Reichsmark teure Gerät ständig ein langgezogenes Pfeifen. Ein ganz besonderer Höhepunkt der Ausstellung ist das Tonstudio von Harry Frommermann, einem Mitglied der »Comedian Harmonists«. Nach dem Tode des Sängers wurde es zusammen mit kostbaren Tondokumenten dem Bremer Rundfunk-Museum übergeben.

Öffnungszeiten: Mo bis Fr 9 – 17 Uhr
Eintrittspreise: Ew. 1,50 Euro, Ki. 1 Euro
Führungen: Gruppen 1 Euro pro Person
Anreise: Die Findorffstr. liegt etwa 800 m vom Bremer Hauptbahnhof entfernt. Buslinie 25 Richtung Theodor-Heuss-Allee
Parken: vor dem Museum
Behindertengerecht: nein

Tipp: Bastelfreudige Väter mit ihren Kindern können zu bestimmten Terminen im Museum einfache Detektoren zusammenbauen. Ein Riesenspaß, wenn aus dem Ohrhörer des selbst gebastelten Apparates Radio Bremen erklingt! Auch »Geburtstagsbastelaktionen« werden angeboten – statt zu MacDonalds geht's ins Museum.

Cuxhaven – Stickenbüttel ⑫

Wrack-Museum

Dorfstr. 80
27476 Cuxhaven – Stickenbüttel
Tel. 0 47 21/23 3 41
Fax 0 47 21/69 08

Schätze aus untergegangenen Schiffen: Galionsfiguren, Porzellan, Silberkannen, Tabakspfeifen, Bügeleisen, Sextanten, Matrosen-Uniformen. Im Außenbereich ein Mini-U-Boot aus dem 2. Weltkrieg

Geheimnisse aus den Tiefen der Nordsee

Am Abend des 4. Oktober 1912 bahnte sich vor der Elbinsel Krautsand eine Katastrophe an. Gegen 23.30 Uhr kollidierte der Frachter »Vandalia« mit einer von Schleppern gezogenen Schwimmdocksektion. Binnen Minuten ging der Dampfer unter und riss 6000 Tonnen Stückgut, die für Rio de Janeiro bestimmt waren, mit in die Tiefe. Für die Nachwelt erwies sich die Havarie allerdings als Glücksfall. Denn das Unglücksschiff wurde vom Elbeschlamm über mehrere Jahrzehnte luftdicht konserviert. Was eine Bergungsfirma 1977 an Exportgütern zutage förderte, war deshalb in einem so guten Zustand, dass man noch heute damit Schaufenster dekorieren könnte. Außerdem handelte es sich bei der Ladung um einen repräsentativen Querschnitt des deutschen Außenhandels zur glorreichen Kaiserzeit. An Bord des Schiffes waren Silberkannen, Jugendstillampen, Porzellane, Schreibtischaufsätze, Nippesfiguren, Heiligenfiguren, Juwelierlupen. Sogar mit bunt gemusterten Nachttöpfen wollte man damals die Bewohner Brasiliens erfreuen. Heute füllen diese Schätze das ehemalige Schulgebäude von Stickenbüttel – zusammen mit 1500 anderen Exponaten aus versunkenen Schiffen. Zwischen 3000 und 4000 Wracks sollen noch heute vor der deutschen Küste auf Grund liegen – welche Geheimnisse da vor unserer Haustür mit in die Tiefe gerissen wurden, lässt sich nur erahnen. Diesen Kulturschatz zu heben und vor dem Vergessen zu bewahren hat sich der ehemalige Seemann Peter Baltes zur Aufgabe gemacht. Seit 1968 trägt er alles zusammen, was Elbe und Nordsee hergeben. Im Außenbereich stehen

Ein Helmtaucher findet ein altes Seglerwrack

ein Zwei-Mann-U-Boot vom Typ »Seehund« aus dem 2. Weltkrieg, das Wrack des Fisch-Ewers »Wilhelmine«, Schiffsschrauben und rostige Stockanker. In den acht Innenräumen verteilen sich Funde wie Galionsfiguren, Bratenhauben, Bügeleisen, Milchkännchen, Tabakspfeifen, Matrosenstiefel, Sextanten, Knöpfe und Waagschalen – Fundstücke aus Schiffen wie »Celia«, T. T. S. »Guildford«, »Paposo« und »Cimbria«, die zwischen 1883 und 1933 untergingen. Vor allem eine Flasche mit Stachelbeerkompott wirkt so frisch, als sei sie eben erst Großmutters Vorratsschrank entnommen. Das ungewöhnliche Souvenir stammt vom englischen Minen-U-Boot »E-24«, das 1916 in der Helgoländer Bucht versenkt wurde, und gehörte wahrscheinlich zur Notration eines Seemanns.

Galionsfigur von einem unbekannten englischen Segler

Öffnungszeiten: Sa, So und feiertags 10 – 13 Uhr, 15 – 18 Uhr, Di bis Fr 9 – 12 Uhr, 15 – 18 Uhr

Eintrittspreise: Ew. 2,50 Euro,Ki. (6 bis 17 J.) 1,50 Euro,Gruppen (ab 10 Pers.) Ew. 2, Ki. 1 Euro

Führungen: 26 Euro

Anreise: Von Cuxhavener-Duhnen in die Cuxhavener Straße, abbiegen in Richtung Stickenbüttel (Windeichenweg), nach links in die Dorfstraße

Parken: Gekennzeichneter Museumsparkplatz mit 50 Stellplätzen in 200 m Entfernung

Behindertengerecht: untere Etage für Rollstuhlfahrer geeignet

Tipp: In Cuxhaven-Duhnen starten von Pferden gezogene hochrädrige Wattwagen zur zwölf Kilometer entfernten Insel Neuwerk. Auch zu Fuß können Sie die Insel erreichen. Vorher unbedingt einen Tidekalender besorgen, denn bei Flut ist der Aufenthalt im Watt lebensgefährlich!

Ebergötzen

(13)

Europäisches Brot-Museum

Göttinger Str. 7
37136 Ebergötzen
Tel. 0 55 07/99 94 98
Fax 0 55 07/99 95 94
www.Brotmuseum.de

Geräte zur Brotherstellung aus 8 000 Jahren, Getreidegarten, historische Wind- und Wassermühle, mittelalterlicher Wohnturm aus dem 13. Jahrhundert, regelmäßige Brotback-Aktionen

Unser täglich Brot

Lang ist es her, da verrührten unsere Urahnen Einkornmehl zu einem zähflüssigen Brei und erhitzten diesen auf einem heißen Stein. Ein epochaler Schritt in der Menschheitsgeschichte – das Brot war erfunden. Vom damaligen steinzeitlichen Schalenbrot bis zum heutigen, krümellosen Astronautenbrot, das man in der Schwerelosigkeit des Weltalls genießen kann, sollten rund 8000 Jahre vergehen. Fast alle Völker nutzten Gräser als Nahrungsmittel, züchteten daraus die heute bekannten Getreidearten. Brote, wie wir sie kennen, wurden erstmals von den alten Ägyptern gebacken. Später blieb es Fürsten und Königen vorbehalten, Mahlprivilegien zu vergeben und bei Wind- und Wassermühlen eine Mahlsteuer einzutreiben – daraus lässt sich ableiten, welche Bedeutung das wichtigste Grundnahrungsmittel immer hatte.

Zum Anbeißen: Mädchen mit Backwerk in einer Brotkutsche von 1900

Auf unterhaltsame Weise werden diese historischen Fakten vom Europäischen Brot-Museum in Ebergötzen präsentiert. Die Ausstellung ist vor kurzem in ein altes, 1703 erbautes Forstamt umgezogen und zeigt nun 30 verschiedene Themenbereiche, unter anderem Geschichte des Brotes, Getreide, Müllerei, Brot in der Religion, Welternährung, Hunger, Brot als Grundnahrungsmittel, Brot in der Kunst. Ältestes Exponat ist eine Silbermünze mit Getreideähre aus Metapont (vor

2 500 Jahren geprägt), jüngstes das bereits erwähnte Astronautenbrot. Alle ausgestellten Brote, vom nordischen Kultbrot über Dreizackwekken bis zum Piki, dem Brot der Hopi-Indianer, wurden nach historischen Überlieferungen nachgebacken. Zum Schmunzeln: Auch die sogenannte »Bäckertaufe«, ein mittelalterliches Strafgerät, gehört zur Sammlung des Museums. War das Brot zu klein, wurde der Bäcker kurzerhand in einen Käfig gesteckt und im Dorfteich mehrere Male untergetaucht. Im Freigelände können sich Besucher über Getreidearten informieren, eine Bockwindmühle und einen mittelalterlichen Wohnturm aus dem 13. Jahrhundert besichtigen. Regelmäßig finden Brotback-Aktionen zum Mitmachen statt, für Gruppen auch auf Voranmeldung.

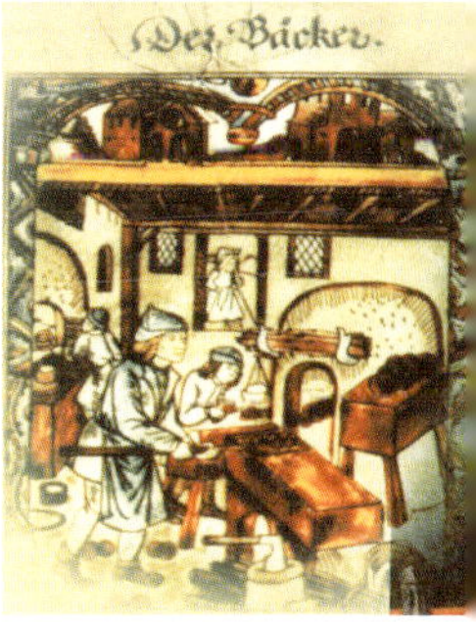

Historische Darstellung einer Backstube

Öffnungszeiten: Di bis Fr 9.30 – 16.30 Uhr, Sa und So 9.30 – 17.30 Uhr, im Winter zeitweise geschlossen

Eintrittspreise: Ew. 3,50 Euro, Gruppen (ab 20 Pers.) 3 Euro, Ki (ab 6 J.) 2 Euro, Gruppen 1,50 Euro, ermäßigt (Studenten, Schwerbeschädigte, Schüler) 3 Euro, Familienkarte (Eltern u. Kinder bis 16 J.) 8,50 Euro, Brotback-Aktion 7,50 Euro (inklusive Brot)

Führungen: Einleitende Vorträge Di bis Fr., Gruppenführung nach Voranmeldung

Anreise: A 7 Hannover – Kassel, Ausfahrt Nörten-Hardenberg, auf der B 446 nach Ebergötzen. Oder ab Göttingen auf der B 27 Richtung Herzberg. Linienbusse ab Bahnhof Göttingen.

Parken: Großer Gemeindeparkplatz in 350 m Entfernung

Behindertengerecht: ja

Tipp: Ebergötzen ist die Heimat von Wilhelm Busch. Die alte Mühle, die dem Verseschmied als Anregung für seine Streiche von Max und Moritz diente, liegt nur 500 m vom Brot-Museum entfernt (täglich geöffnet). Frischluft-Fans können außerdem auf dem Wanderweg im idyllischen Weißwasser-Tal spazierengehen.

Elmshorn

⑭

Industrie-Museum

Catharinenstr. 1
25335 Elmshorn
Tel. 0 41 21/26 88 70
Fax 0 41 21/26 88 72
www.
industriemuseum-
sh.de

Borsig-Dampfmaschine, Webstühle, Handwerkskunst, Getreideanbau, Scherenschleifkarren, Wohnküche aus den 20er-Jahren, Kolonialwarenladen, altes Klassenzimmer, Flüchtlingsbaracke

Industrieller Wandel und soziale Not

Elmshorn wandelte sich im 19. Jahrhundert vom kleinen Handwerksflecken zur industriell geprägten Kleinstadt. So gab es bereits vor einhundert Jahren Ölmühlen, Kornbrennereien, Werften, Gerbereien, Fleischwarenbetriebe, Margarinefabriken und eine Steingutfabrik. Vor allem der wirtschaftlichen Entwicklung des Ortes widmet sich das Industrie-Museum, allerdings wird auch den Lebensverhältnissen von Arbeiterfamilien und Flüchtlingen Platz eingeräumt. Ein Museum, das zum Nachdenken anregt und zum Mitmachen auffordert. Besucher können im Erdgeschoss die Stechuhr ausprobieren und stehen wenig später vor einer voll funktionsfähigen Dampfmaschine aus dem Jahre 1952, dem »Herzstück« einer jeden Fabrik. Das erste Obergeschoss macht industriellen Wandel deutlich, zeigt zum Beispiel, wie die Handwerkskunst der Tischler, Schuhmacher, Schneider und Schiffszimmerleute von Maschinen verdrängt wurde. Eine Treppe höher kann man hautnah die Wohnverhältnisse unserer Großeltern erleben: Wohnküche, Waschküche, Einweckutensilien, einfaches Koch- und Hausarbeitsgerät. Wie früher eingekauft wurde, zeigt ein alter Kolonialwarenladen. Von der Margarine bis zum Boullionwürfel – alle Waren mussten von Hand gewogen und abgepackt werden. »Alltag in Trümmern« steht als Motto über der Ausstellung im dritten Oberge-

Dampfmaschine (Baujahr 1952) aus der Hefefabrik Asmussen

Kolonialwarenladen um 1920 (Fotos: Pilz)

schoss. Vertriebene und Ausgebombte kamen nach dem 2. Weltkrieg notdürftig in Baracken unter und schliefen auf Strohmatratzen. Mit Rübenmakronen, Eichelkaffee und Kommissbrot versuchte man sich über Wasser zu halten, mit Mänteln aus Jutesäcken der Kälte zu trotzen. Auch der Spaß kommt nicht zu kurz: Kinder können im Industrie-Museum, das in einem alten Fabrikgebäude ideale Räumlichkeiten gefunden hat, ihren Geburtstag feiern, es gibt zu bestimmten Themen Sonderausstellungen, auch Mitmach-Aktionen, Konzerte, Kunst- und Flohmärkte.

Öffnungszeiten: Di bis Sa 14 – 17 Uhr, Do 14 – 19 Uhr, Mi auch 10 – 12 Uhr, So und feiertags 10 – 12, 14 – 17 Uhr

Eintrittspreise: frei

Führungen: Schulklassen frei. Andere Gruppen: Kosten erfragen

Anreise: A 23 Hamburg – Heide, Ausfahrt Elmshorn, Richtung Bahnhof, Ausschilderung folgen, DB und S-Bahnstation, vom Bahnhof 3 Min. Fußweg

Parken: in umliegenden Straßen

Behindertengerecht: ja (Fahrstuhl)

Tipp: Ganz in der Nähe finden Sie die kleinste Fähre Deutschlands. Nur im Sommer an den Wochenenden setzt die Fähre Kronsnest über die Krückau. Wanderer nutzen den Krückau-Wanderweg nach Barmstedt, Rad-Fans den historischen Ochsenweg.

Flensburg

(15)

Phänomenta

Norderstr. 157 – 161
24939 Flensburg
Tel. 04 61/1 44 49– 0
Fax 04 61/1 44 49 20
www.phaenomenta.com

Über 120 physikalische Experimente zum Ausprobieren: Spiegeleffekte, Hologramme, Laser, schalltote Räume, lichtloses Tasten, Trickbilder, Gravitationstrichter, Pendeleffekte, Reaktionstests, Mondgleiter, Geysir

Verblüffende Aha-Effekte

Erinnern Sie sich noch an Ihren Physik-Unterricht? Irgendwo zischte, blitzte und donnerte immer etwas, und keiner wusste genau warum. Langatmige Vorträge und Versuchsanordnungen in der Schule waren der beste Garant dafür, dass man das Thema Physik schnell zu den Akten legte. Dabei können Natur- und Technikphänomene wirklich Spaß machen und anschaulich dargestellt werden. Am besten beweist das die Phänomenta in der Flensburger Altstadt. Besucher können an 120 Stationen alles selbst erleben und erfahren – mit Experimenten zum Anfassen und Ausprobieren. Sie können z. B. einen Fernseher per Dynamo mit Strom versorgen. Oder mit einem Geigenbogen eine runde Metallplatte so in Schwingung versetzen, dass der darauf liegende Sand ein Sternenmuster annimmt. Von optischen Täuschungen über schalltote Räume und Gravitationstrichter bis hin zum Foucaultschen Pendel reichen die Versuche. Man kann Rollbahnen erforschen und elektrische Entladungen mit den Händen beeinflussen. Besonders verblüffend ist das Experiment »Wirbellauf«: Eine Kerze steht im Abstand von drei Metern von einem würfelförmigen Kasten entfernt. Die Rückseite des Kastens besteht aus Gum-

Eine Metallplatte wird in Schwingung versetzt, bis sich ein Sternenmuster bildet

mi, in der Vorderwand befindet sich eine kreisrunde Öffnung. Schlägt man auf die Gummiwand, erlischt die Kerze trotz des großen Abstands. Die Phänomenta ist mehr Werkstatt als Museum. Die Stadt Flensburg hat einen attraktiven Kaufmannshof aus dem 19. Jahrhundert für dieses Erlebniszentrum restauriert.

Mit Fingern oder anderen Körperteilen lassen sich elektrische Entladungen beeinflussen

Das benachbarte, 400 Jahre alte Nordertor, das Wahrzeichen der Fördestadt, dient der Phänomenta als »Haus der Sinne« für Sonderausstellungen. Die Idee zu dieser einmaligen Experimentier-Werkstatt hatte Prof. Lutz Fiesser, Vorbild waren die überall in den USA entstandenen Science-Center, die sich zu richtigen Besuchermagneten entwickelt haben.

Öffnungszeiten: Juni bis Sept. werktags 10 – 18 Uhr, Sa 12 – 18 Uhr, So 10 – 18 Uhr, Okt. bis Mai werktags 9 – 16.30 Uhr, Sa 12 – 18 Uhr, So 10 – 17 Uhr

Eintrittspreise: Ew. 7,50 Euro, Schüler, Studenten 5,50 Euro, Familienkarte 20 Euro, Gruppen (ab 10 Pers.) 5,50 Euro pro Person

Führungen: nein

Anreise: A 7 Hamburg – Flensburg, Ausfahrt Flensburg, auf B 200 bis Abfahrt Duburg, nach rechts in Harrisleer Straße dem Verlauf folgen bis Norderstraße/Nordertor. Ab Bahnhof Bus 1 bis Haltestelle Nordertor

Parken: keine Stellplätze im Museumsbereich

Behindertengerecht: ja

Tipp: Ganz in der Nähe, an der Schiffbrücke 39, finden Sie das Flensburger Schiffahrts-Museum. Bis zu 30 Tradtionssegler liegen hier regelmäßig am Bollwerk. Im zugehörigen unterirdischen Zoll-Lager ist auch Deutschlands einziges Rum-Museum untergebracht – mit einer Ausstellung zu den Themen Rum-Herstellung und Geschichte der Flensburger Rum-Häuser.

Gifhorn

(16)

Internationales Mühlen-Museum

Bromer Str. 2
38 518 Gifhorn
Tel. 0 53 71/55 4 66
Fax 0 53 71/55 640
www.
Muehlenmuseum.de

Zwölf originale oder originalgetreu nachgebaute Wind- und Wassermühlen aus zehn Ländern, 40 Mühlenmodelle, eine niedersächsische Dorfanlage mit Backhaus sowie eine russisch-orthodoxe Holzkirche

Bräute des Windes

Diese Geschichte eignet sich zur Legendenbildung, aber sie entspricht durchaus der Wahrheit. Im Jahre 1965 machte der Designer Horst Wrobel einen Ausflug ins Dorf Abbenrode. Eine alte Bockwindmühle hatte seine Aufmerksamkeit erregt. Der alte Müller lud ihn auf einen Plausch ins Innere der Mühle ein. Wrobel war fasziniert von der anheimelnden Atmosphäre, blickte staunend auf das Spiel der hölzernen Räder, Zapfen und Wellen, die die schwerfälligen Mühlsteine in Bewegung hielten. Beeindruckt begann er gleich am Tag darauf, die Mühle im Modell nachzubauen. Ermutigt durch das Gelingen des ersten Werkes fuhr Wrobel über Land, fotografierte, skizzierte, sammelte Material über Wind- und Wassermühlen aller Art. Der Küchentisch wurde kurzerhand zur Werkbank umfunktioniert, und nach kurzer Zeit waren Mühlenmodelle über die ganze Wohnung verteilt. Dank der Unterstützung durch die gesamte Familie konnte Horst Wrobel 1980 in Gifhorn seinen Traum vom eigenen Mühlen-Museum in die Tat umsetzen: Auf einem 16 Hektar großen Gelände

Die Holländermühle »Immanuel« (erbaut 1848) ziert den Eingang

Eine seltene Schiffsmühle aus Ungarn

am Flüsschen Ise öffneten sich die Pforten zum »Internationalen Mühlen-Museum«. Die Modell-Sammlung war inzwischen auf 40 Stück angewachsen – sie ziert nun die 800 Quadratmeter große Ausstellungshalle. Doch die Attraktion des Museums sind die zwölf auch von innen zu besichtigenden Originalmühlen. Gleich am Eingang drehen sich die Segelstangen der griechischen Rundmühle »Irini« und der portugiesischen Getreidemühle »Anabella«, es folgen die Erdholländer-Kellermühle »Immanuel« (erbaut 1848), die Bockwindmühle »Viktoria« (erbaut 1816) und eine Osttiroler Wassermühle. Prunkstück der windigen Sammlung ist ein Nachbau der legendären »Mühle von Sanssouci«.

Öffnungszeiten: 15. März bis 31. Oktober täglich 10 – 18 Uhr, 1. November bis 21. Dezember Sa und So 10 – 16 Uhr, 22. Dezember bis 14. März geschlossen

Eintrittspreise: Ew. 7 Euro, Ki. 3 Euro, Schüler ab 16 J. 5 Euro, Schulklassen bis 16 J. pro Person 2,50 Euro, Gruppen (ab 15 Pers.) 6 Euro

Führungen: durch Kultur- und Landschaftsführer der Stadt Gifhorn, Anmeldung: Tel. 0 53 71/82 4 83

Anreise: A 2 (Ausfahrt Braunschweig-Nord), A 39 (Ausfahrt Wolfsburg), B 4, B 188 oder per Bahn

Parken: Stellplätze vor dem Museum

Behindertengerecht: Ausstellungshalle, Restaurant und Freigelände ohne Treppen, in den Mühlen keine Aufzüge

Tipp: Im niedersächsischen Back- und Brothaus können Sie Bäckern über die Schulter schauen, die in zwei holzgefeuerten Steinbacköfen nach alten Rezepten Brot herstellen. Selbstverständlich können Sie das ofenwarme Brot auch probieren

Gnevsdorf ⑰

Lehm-Museum

Steinstr. 60 a
19395 Gnevsdorf
Tel. 0 38 737/33 8 30
und 20 2 07
Fax 0 38 737/20 1 17
www.fal-ev.de

Lehmmodelle in einer alten Bauernscheune, Lehmbautechniken, Lehmbaugeschichte

Überdimensionales Schwalbennest

Seit Jahrtausenden ist Lehm der wichtigste Baustoff des Menschen. Rund zwei Drittel der Erdenbewohner leben auch heute noch in Behausungen aus Lehm. Das ist auf die vielen hervorragenden Eigenschaften dieses Naturstoffs zurückzuführen. Lehm schließt Holzbalken luftdicht ab und konserviert sie, Lehm reguliert die Feuchtigkeit im Raum, hält außerdem im Winter warm und im Sommer kühl. Lehm ist wiederverwendbar und in der Natur fast unbegrenzt vorhanden. Um möglichst vielen Menschen diesen wichtigen Baustoff näher zu bringen, wurde 1999 in einer 1871 erbauten, reetgedeckten Scheune ein kleines Lehm-Museum eingerichtet – das einzige in Deutschland. Diese alte Bauernkate besteht selbst zum Teil aus Lehm, besitzt Lehmzwischenwände und einen Lehmstampfboden.

Aus Lehm nachgebaut: Bauernküche aus einem mecklenburgischen Gutshof

An einer Reihe von Modellen, zum Beispiel einer Rundhütte und einer alten mecklenburgischen Bauernstube, kann der Besucher sehen, in welcher Form der Urstoff Lehm in der Architekturgeschichte verwendet wurde. Außerdem wird den Fragen nachgegangen: Was hat die Eiszeit mit Lehm zu tun? Was hat die Chinesische Mauer mit Lehm zu tun? Was hat die Königin von Saba mit Lehm zu tun? Wer möchte, kann selbst Hand anlegen und verschiedene Lehmbautechniken ausprobieren. Auch in der Tierwelt ist Lehm

Die 1871 erbaute Scheune hat Lehmzwischenwände und steht auf einem Stampflehmboden

als Baustoff weit verbreitet – Schwalben nutzen zum Beispiel das Erdmaterial für den Bau ihrer Nester. Originell: Im Lehm-Museum ist ein Schwalbennest mannshoch nachgebaut. Wann und wo bekommt man schon mal die Gelegenheit, in ein überdimensionales Schwalbennest hineinzuspazieren?

Öffnungszeiten: 1. Mai bis 30. September Di bis So 10 – 18 Uhr, 1. Oktober bis 30. April: Besuch nach Anmeldung möglich

Eintrittspreise: Ew. 3 Euro, Ki (10 bis 14 J.) 1,50 Euro, Gruppen (ab 10 Pers.) 2,10 Euro, ermäßigt (Schüler, Studenten, Arbeitslose) 2 Euro

Führungen: kostenlos

Anreise: Gnevsdorf liegt unweit des Plauer Sees in Mecklenburg. A 24 Hamburg – Berlin, Abfahrt Meyenburg, B 103 Richtung Plau, A 19 Berlin – Rostock, Abfahrt Röbel, B 198 Richtung Bad Stuer/Plau

Parken: 25 Stellplätze vor dem Museum

Behindertengerecht: ja. Auch für Blinde und Sehbehinderte geeignet, da sich die Lehmmodelle ertasten lassen.

Eines der Lehmmodelle »zum Anfassen«

Tipp: Die Urlaubsregion Plau eignet sich auch für einen längeren Aufenthalt. Sie können den Erlebnisgarten Wangelin mit seinen 900 Pflanzenarten besuchen und die Leinen- und Filzmanufaktur Retzow besichtigen. Es gibt viele Rad- und Wanderwege und einen Badestrand am Plauer See.

Hamburg ⑱

Brillen-Museum

Bei St. Johannis 4
20148 Hamburg
Tel-Nr. 0 40/
279 23 74
Fax 0 40/270 82 91
www.brillen-
museum.de

500 Brillen aus aller Welt. Chinesische Mandarinbrillen, Nürnberger Einglas aus dem 17. Jahrhundert, Eisenbrillen aus Deutschland und Italien

Kaiserliche Zwicker und andere Sehhilfen

Sammler sind glückliche Menschen. Noch glücklicher sind jene, die ihr Hobby zum Beruf machen konnten – und umgekehrt. Zur zweiten Kategorie gehört der Hamburger Augenoptiker Karl-Heinz Wilke. Nicht nur, dass er täglich Brillen anpasste und Gläser schliff, seine berufliche Passion wurde zur noch größeren Leidenschaft, als ihm Freunde alte und verstaubte Sehhilfen aus dem Nachlass ihrer Urgroßeltern schenkten. Der Anfang der Brillensammlung war gemacht, der Jagdtrieb geweckt. Besuche in Frankreich, Italien, England und Amerika führten ihn immer wieder in stillgelegte Brillenfabriken, wo er reiche Beute machte. Ganze Kollektionen historischer Brillen konnte Karl-Heinz Wilke seiner immer größer werdenden Sammlung hinzufügen. Natürlich lag die Idee nahe, die mit viel Liebe zusammengetragenen Stücke der Öffentlichkeit zugänglich zu machen. Nach zwei Jahren intensiver Suche nach einem geeigneten Gebäude wurde Karl-Heinz Wilke fündig – ein denkmalgeschütztes Haus im Hamburger Stadtteil Pöseldorf wurde zur Heimat des neuen Brillen-Museums. Besucher können Faden- oder Mandarinbrillen aus den verschiedenen Dynastien Chinas ebenso bewundern wie Goldbrillen aus dem Amerika

Chinesische Fadenbrille (um 1800)

des 19. Jahrhunderts. Silber- und Hornbrillen aus dem England der Queen Victoria sind ebenso dabei wie die ersten Eisenbrillen aus Deutschland und Italien. Ein Schnäppchen ist Sammler Wilke ge-

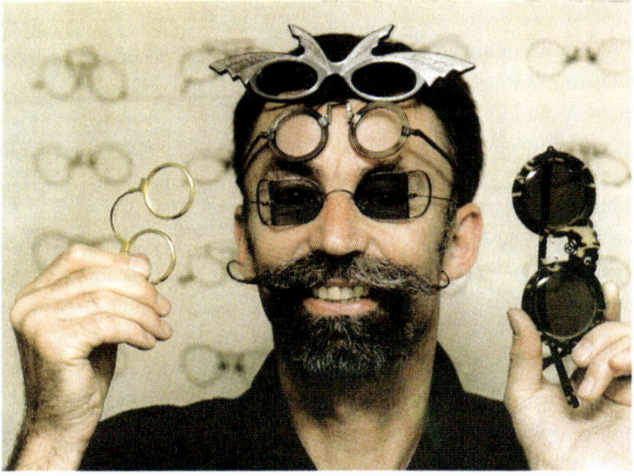

Karl-Heinz Wilke mit seinen Lieblingsstücken, u. a. eine amerikanische Schmetterlingsbrille

glückt, als ihm ein Original-Zwicker von Kaiser Franz Joseph (Wien 1916) angeboten wurde. Natürlich hat er sofort zugegriffen. Insgesamt gibt es über 500 historische Brillen zu bestaunen – alte, antike und auch so kuriose wie jene mit ausklappbaren Rückspiegeln. Ein Plausch mit Karl-Heinz Wilke lohnt übrigens immer. Denn natürlich kennt er zu jedem Stück die ganz eigene Geschichte.

Öffnungszeiten: werktags 10 – 19 Uhr, Sa 10 – 14 Uhr, geschlossen: 14 – 15 Uhr

Eintrittspreise: Ew. 2,50 Euro, Gruppen (ab 6 Pers.) 2 Euro, ermäßigt 2 Euro

Führungen: 2,50 Euro pro Person (ab 6 Personen)

Anreise: U 1 bis Hallerstraße, Bus 109 bis Pöseldorf, Bus 115 bis Mittelweg

Parken: wenige Stellplätze vor der Tür

Behindertengerecht: nein (Treppe)

Tipp: Wem das Herz höher schlägt, weil er sich unsterblich in eine Greta Garbo- oder Heinz Erhardt-Brille verliebt hat, kann sich an das freundliche Personal wenden. Denn teilweise sind die Exponate sogar käuflich zu erwerben.

Hamburg

Spicy's Gewürz-Museum

Am Sandtorkai 32
20457 Hamburg
Tel. 0 40/36 79 89
Fax 0 40/36 79 92
www.spicys.de

Rund 60 Gewürze in Jutesäcken und Schalen, 700 Geräte und Maschinen aus fünf Jahrhunderten, Sonderausstellungen

Exotisches in der Speicherstadt

Besucher können ohne Scheu zugreifen, Gewürze und Kräuter zwischen Daumen und Zeigefinger zerreiben, daran schnuppern oder ein paar Partikel auf der Zunge zergehen lassen, um das Aroma mit allen Sinnen aufzunehmen. Riechen, schmecken, anfassen – so lautet denn auch das Motto des Hamburger Gewürz-Museums. Rund 60 Gewürze findet man in dem hergerichteten Lagerspeicher am Hafen – von Anis bis Zimt, von Chili bis Muskat, von Ingwer bis Koriander. Zum Teil lagern sie noch in der Originalverpackung, meist in schweren Jutesäcken. Das Gewürz-Museum hat 1993 über Umwege seine endgültige Bleibe in der Speicherstadt gefunden, dem historischen Zentrum des Hamburger Außenhandels. In dieser authentischen Umgebung werden 700 Exponate aus fünf Jahrhunderten gezeigt, die alle mit Gewürzherstellung und Weiterverarbeitung zu tun haben: Mahl- und Mischwerke, Messer, Sicheln, Mörser, Siebe, Stampfer und viele andere Werkzeuge. Bildtafeln erläutern den Weg der Würzpflanzen vom Anbau bis zum Fertigprodukt. Man erfährt zum Beispiel, weshalb Safran kostbarer ist als Gold und dass Indonesien rund 90

Giebel in der historischen Hamburger Speicherstadt

Prozent der weltweiten Nelken-Produktion für die Herstellung seiner würzigen Kritek-Zigaretten benötigt. Aus Gewürznelken wurde auch jenes Modell-Segelschiff angefertigt, das man in diesem einzigen Gewürz-Museum der Welt bewundern kann. Die Dauerausstellung wird ständig durch Sonderveranstaltungen ergänzt (Beispiele aus der Vergangenheit: »Das Geheimnis der Weihnachtsbäckerei« oder »Die erotische Kraft von Gewürzen und Kräutern«).

Mahl- und Mischwerke in authentischer Umgebung

Öffnungszeiten: Di bis So 10 – 17 Uhr

Eintrittspreise: Ew. 3 Euro (inkl. einer Gewürzprobe), Ki (bis 12 J.) 1 Euro (inkl. einer Tüte Gummibärchen)

Führungen: für Gruppen nach Voranmeldung 25 Euro

Anreise: U 3 bis Baumwall, über Niederbaumbrücke zum Sandtorkai

Parken: ausreichend Stellplätze nur am Wochenende

Behindertengerecht: nein (110 Jahre alte Speicherräume mit Treppen und Unebenheiten)

Gewürze in Original-Jutesäcken

Tipp: Gute Gelegenheit für einen Spaziergang durch die Hamburger Speicherstadt! Deutsches Zoll-Museum, Speicherstadt-Museum, die Museumsschiffe »Cap San Diego« und »Rickmer Rickmers« sowie der Alte Elbtunnel sind problemlos zu Fuß zu erreichen.

Hamburg ⑳

Deutsches Maler- und Lackierer-Museum

Billwerder
Billdeich 72
22113 Hamburg
Tel. 0 40/733 87 06
od. 22 33 15
Fax. 0 40/3 48 06 25

800 Jahre Geschichte des Malerhandwerks: Werkzeuge, Geräte, Pigmente, Bindemittel, Gesellen- und Meisterbriefe, Innungsfahnen, Pokale, eine komplette Maler-Werkstatt

Zunftgeräte im alten Glockenhaus

Lange Zeit fristete das Glockenhaus, eines der letzten Beispiele früher Landhauskultur im Hamburger Umland, am Rande des Industriegebietes Billbrook einen Dornröschenschlaf. Bis es 1984 von der Maler- und Lackiererinnung erneut zum Leben erweckt wurde. Der Handwerkerverband konnte in dem prachtvollen Fachwerkbau sein Zunft-Museum einrichten, nachdem er von der Hamburger Kulturbehörde erworben wurde. Beides präsentiert sich heute in einer gelungenen Symbiose. Denn die vielen historischen Dokumente, Meisterbriefe, Urkunden, Innungsfahnen, Wappen, Silberpokale und anderen Zunftgegenstände kommen in den großzügigen Räumen mit klassizistischen Stuckmotiven bestens zur Wirkung. Im Obergeschoss wurde bei den Restaurierungsarbeiten eine hölzerne Decke mit Barockmalerei entdeckt und aufwendig konserviert. Die Decke stammt etwa aus dem Jahre 1680 – alle anderen Gebäudeteile wurden in späteren Umbauphasen verändert. Der Fahnensaal ist der einzige Raum, der eine stilgerechte Möblierung erhalten hat. An der Rückfront hängen Berliner und Hamburger Innungsfahnen. Von hier gelangt der Besucher in den Zunftsaal, wo die geschichtlichen Hintergründe des Malerhandwerks aufgezeigt werden. Die Tradition der

Eines der schönsten Landhäuser im Hamburger Umland wurde zur Heimat des Malermuseums

Blick in die Malerwerkstatt, die bis 1960 in Betrieb war

Zünfte reicht bis ins 12. Jahrhundert zurück. Dass neben der Arbeit auch die Geselligkeit nicht zu kurz kam, zeigt ein Bierhumpen in einer Eckvitrine. Auf ihm ist der tiefsinnige Satz zu lesen: »Eher soll die Welt verderben, als vor Durst ein Maler sterben.« Im benachbarten Silbersaal ist der reiche Silberschatz der Innung zu bewundern. Dazu gehören vier große Deckelpokale und eine Amtskette, auf der alle Ältermänner und Obermeister des Hamburger Maleramtes seit 1375 eingraviert sind. Im Obergeschoss findet man schließlich eine komplett eingerichtete Malerwerkstatt mit Pigmenten, Bindemitteln, Palette, Werkzeugen und – natürlich – jeder Menge Pinsel. Eine Werkstatt, die von 1928 bis 1960 in Betrieb war und noch immer so aussieht, als hätte der Meister gerade den Raum verlassen.

Öffnungszeiten: Sa und So 10 – 13 Uhr oder nach telefonischer Vereinbarung

Eintrittspreise: Ew. 3 Euro, spezielle Gruppentarife auf Anfrage

Führungen: nach Voranmeldung (auch außerhalb der Öffnungszeiten)

Anreise: B 5 Hamburg Zentrum – Bergedorf, Abfahrt Moorfleeter Straße, über die Bille, an der ersten Kreuzung links in den Billbrookdeich, nach links in den Billwerder Billdeich, S 21 bis Billwerder Moorfleet, Bus 330 ab U-Bahn Billstedt bis Billwerder Billdeich

Parken: in der Sackgasse vor dem Museum

Behindertengerecht: nein

Tipp: Auf dem Freigelände rechts neben dem Museum finden Sie einen Barockgarten, der in den Sommermonaten üppig blüht. Von hier führt auch ein Wanderweg am Flüsschen Bille entlang in das Naturschutzgebiet Boberger Dünen.

Hamburg

Puppen-Museum Falkenstein

Grotiusweg 79
22587 Hamburg
Tel. 0 40/81 05 82
Fax 0 40/81 81 66
www.elke-droescher.de

Sammlung Elke Dröscher: 300 europäische Puppen, 60 Puppenstuben, -häuser, -küchen und -läden, 100 historische Kinderbildnisse in einer Villa im Bauhaus-Stil

Blick in die Guckkastenwelt der Puppenstuben

Puppen sind nicht nur das Spielzeug kleiner Mädchen, sie sind auch ein Spiegelbild vergangener Epochen. Je nachdem, ob üppige Rokokokleider, Fischbeinkorsetts, Wespentaille, aufwendige Lockenfrisuren oder vornehme Blässe gerade »in« waren – die Entwicklung der Mode bestimmte auch immer das jeweilige Puppen-Outfit. Unter diesen kulturhistorischen Gesichtspunkten hat Elke Dröscher ihre Puppensammlung am Falkenstein in Hamburg zusammengestellt. Etwa 300 Puppen meist aus Europa, 60 Puppenstuben und rund 100 Kinderbildnisse zeigen, wie sich Mode und Schönheitsideale in den vergangenen zweihundert Jahren verändert haben. Der Besucher erlebt außerdem die Miniaturwelt der Puppenstuben und erfährt, was zum gutbürgerlichen Haushalt unserer Ururgroßeltern gehörte. Mit Hilfe dieser »Lehrmittel« erfuhren junge Mädchen früher, worüber ein ordentlicher Haushalt verfügen sollte. In früheren Jahrhunderten war es üblich, dass die Mütter mit ihrer kostbaren Toilette den Reichtum und den gesellschaftlichen Status der Familie zur Schau stellten, gleicher-

Diese Puppenstube gibt einen Eindruck der bürgerlichen Wohnkultur um 1880

maßen wurden auch Töchter und Puppen wie kleine Erwachsene ausstaffiert. Erst an der Schwelle zum 20. Jahrhundert entstanden einfache, natürliche und kindgerechte Puppen, etwa jene von Käthe Kruse. Heute ist die Computertechnik in die kleinen Puppenkörper eingezogen. Dabei erwiesen sich schon frühere Spielzeugfabrikanten als recht erfinderisch. Elke Dröscher hat eine Wachskopfpuppe von 1845 in ihrer Kollektion, deren Augen sich mit Hilfe eines inwendigen Drahtes öffnen und schließen lassen. Elke Dröschers Puppensammlung residiert in einer traumhaft schönen Bauhaus-Villa, die 1923 von Karl Schneider auf dem Steilufer der Elbe errichtet wurde. Schon 1925 stellte Walter Gropius das sachlich-schlichte Landhaus in Band 1 seiner »bauhausbücher« vor. Es sollte später neben dem Chile-Haus zu einem der bekanntesten Hamburger Gebäude des 20. Jahrhunderts werden.

Puppenmama mit Zwillingen (Biskuitkopfpuppen, Deutschland um 1900)

Öffnungszeiten: Di bis So 11 – 17 Uhr, an Feiertagen auch montags

Eintrittspreise: Ew. 4 Euro, Ki. (2 bis 15 J.) 2 Euro, Gruppen (ab 10 Pers.) 3 Euro

Führungen: nach telefonischer Voranmeldung 50 Euro

Anreise: ab Hamburg-Zentrum durch Blankenese Richtung Rissen, z. B. über Kösterbergstraße, die in den Grotiusweg mündet. Ab Blankeneser Bahnhof mit Bus 189 (bis Tinsdaler Kirchenweg) oder 286 (bis Endstation Falkenstein)

Parken: vor dem Eingang zum Sven-Simon-Park.

Behindertengerecht: ja

Tipp: Den schönsten Blick Hamburgs auf Elbe und vorbeiziehende Schiffe haben Sie vom Sven-Simon-Park, der das Puppen-Museum umgibt. Spazierwege führen hinunter an den Elbestrand von Wittenbergen (Gaststätten).

Lübeck

(22)

Museum für Puppentheater

Kolk 14
23552 Lübeck
Tel. 04 51/7 86 26

Nicht nur Kinder bekommen hier leuchtende Augen: Theaterpuppen und Marionetten aus aller Welt

Vom Hohnsteiner Kasper bis Dr. Faust

Als es weder Fernsehen noch Kino gab, waren es die Puppenspieler und Schausteller, die für die Unterhaltung der Bevölkerung zuständig waren. Mit Handpuppen- oder Marionettenbühnen zogen sie von Kirmesplatz zu Kirmensplatz, wo sie ihren kleinen Darstellern vor großem Publikum Leben einhauchten. Mit ihren tragikomischen Theaterstücken – man denke nur an die klassische Szene mit dem Kasper, der mit seinem Besen das Krokodil in die Flucht schlägt – hatten sie meist große Lacherfolge. Der Lübecker Fritz Fey jun. stammt selbst aus einer solchen Puppenspieler-Familie. Jahrzehntelang hat er gesammelt, was irgendwie mit Puppentheater zu tun hat:Handpuppen wie den berühmten Hohnsteiner Kasper, Marionetten, Stab-, Schlenker-, Schatten- und Bauchrednerpuppen aus Europa, Asien und Afrika sowie filigrane Pergamentschattenfiguren aus Ägypten, Indien und China. Darüber hinaus alle Dinge rund um das Puppentheater wie Plakate, Handzettel, Eintrittskarten, Bühnen, Kulissen, Requisiten und Werkzeuge. Sogar komplette Nachlässe von Schaustellerfamilien wurden ihm übereignet. Entstanden ist eine der größten Theaterfiguren-Sammlungen der Welt. Zu bewundern ist sie mitten in der Lübecker Altstadt in einem romantischen Giebelhaus in der

Plakat von A. Friedländer, Hamburg 1907

Straße Kolk. Zu den Schätzen, die sich hier auf fünf Etagen und 1100 Quadratmetern ausbreiten, gehören auch Drehorgeln, Walzenklaviere, Moritatentafeln, Schießbudenfiguren und ein Filmvorführgerät nach dem Guckkasten-System, früher die große Attraktion auf Jahrmärkten. Besonders stolz ist Fritz Fey auf eine französische Marionette aus dem 17. Jahrhundert und die Bühne der Marionetten-Dynastie Winter mit einer Szene aus »Dr. Faust« (aus dem Jahre 1812).

Szene aus »Der Neffe als Onkel« von X. Schichtl (um 1920)

Öffnungszeiten: April bis Oktober täglich 10 – 18 Uhr. November bis März täglich 11 – 18 Uhr

Eintrittspreise: Ew. 3 Euro, Ki. (4 bis 12 J.) 1,50 Euro, Gruppen (ab 20 Pers.) 2,50 Euro, ermäßigt 2,50 Euro

Führungen: nach telefonischer Absprache, Ew. 5 Euro, Ki. 3,50 Euro pro Person

Anreise: Das Museum liegt in der Nähe des Holstentores. Benutzt werden können alle Busse, die ab ZOB/Hbf. Richtung Zentrum fahren.

Parken: Parkhäuser Schmiedestr. und An der Obertrave (gebührenpflichtig)

Behindertengerecht: nein

Der Liebling aller Kinder: Hohnsteiner Kasper

Tipp: Vom Museum ins Theater, wo den Puppen Leben eingehaucht wird, sind es nur ein paar Schritte! Wenige Häuser weiter, am Kolk 20 – 22, finden Sie das Marionettentheater Ingeborg Fey. Regelmäßiger Spielplan mit Stücken für Kinder und Erwachsene, Auskünfte: Tel. 04 51/700 60

Lüneburg

Deutsches Salz-Museum

(23)

Sülfmeisterstr. 1
21335 Lüneburg
Tel. 0 41 31/45 0 65
Fax 0 41 31/45 0 69
www.salzmuseum.de

Museum im letzten erhaltenen Siedehaus der über tausendjährigen Stadt Lüneburg, mittelalterliche Siedepfannen, silberne Salzbehälter, Millionen Jahre alte Salzbrocken

Das Salz der Erde

Vor langer Zeit erlegten Jäger am Fluss Ilmenau eine Wildsau und wunderten sich, dass das Tier weißglänzende Borsten hatte. Bei näherem Hinsehen entpuppte sich die seltsame Färbung als Salz. Das Borstenvieh hatte sich in einem Salztümpel gesuhlt – und gab damit ungewollt den Anstoß zu einer beispiellosen mittellalterlichen Erfolgs-Story. Denn den ergiebigen Salzquellen, die man unweit davon im Schoß der Erde fand, verdankt die Stadt Lüneburg ihren späteren Wohlstand. Aus dem Salzstock sprudelte über Jahrhunderte eine hochprozentige Sole, wurde in 54 Siedehäuser geleitet und in 216 Pfannen verkocht. Aus heutiger Sicht kann man die Lüneburger Saline als den größten Industriebetrieb des Mittelalters bezeichnen. Große Teile Nordeuropas wurden auf Handelswegen wie der »Alten Salzstraße« mit dem wichtigen Gewürz versorgt. Erst 1980 kam das Aus für die Salzförderung, die letzte Saline wurde geschlossen – und 1989 als Deutsches Salz-Museum wieder eröffnet. Hier wird das eigentlich recht profane Thema Salzgewinnung zu einer beeindruckenden sinnlichen Erfahrung. Der Besucher wird mittels computergesteuerte Lichteffekte zu den einzelnen Exponaten und Inszenierungen durch den abgedunkelten Raum geleitet. Ein Gobostrahler wirft Sprichwörter wie »Brot und Salz, Gott erhalts« an die dunkle Wand. In einem

Ein riesiger Salzbrocken leuchtet von innen

rekonstruierten Siederaum kann durch Hitze, Qualm, Ton- und Lichteffekte die schwere Arbeit der mittelalterlichen Salzsieder nachempfunden werden. Das Salz-Museum begreift sich als »Museum zum Anfassen« (und wurde dafür 1991 mit dem Titel »European Museum Of The Year« ausgezeichnet). Besucher dürfen Salzbrocken berühren, Sole auf der Zunge zergehen lassen und durch ein Mikroskop die Struktur von Salzkristallen bewundern. In der Sommersaison werden täglich Aktionen wie »Historisches Salzsieden in Bleipfannen« angeboten.

Öffnungszeiten: Mo bis Fr 9 – 17 Uhr (Nov. bis April 10 – 17 Uhr), So und feiertags 10 – 17 Uhr, geschlossen: 24. bis 26. 12. sowie 1.1.

Eintrittspreise: Ew. 4 Euro, Ki. (ab 7 J.) 2,50 Euro Gruppen (ab 8 Pers.) 3,50 Euro p. P., Familienkarte 11 Euro, ermäßigt (mit Ausweis) 2,70 Euro

Führungen: Ew. 1,80 Euro, Schüler 1,10 Euro, Familie 3,10 Euro, Führungen auch in englischer und französischer Sprache

Anreise: in Lüneburg der blauen Touristen-Route folgen (Hinweisschilder), ab Lüneburg-Bahnhof Busse zum Lambertiplatz

Parken: Stellplätze vor der Saline, Großparkplatz auf den benachbarten Sülzwiesen

Behindertengerecht: eingeschränkt (in Teilbereichen Treppenstufen)

Tipp: Im Deutschen Salz-Museum beginnen auch »Salzige Stadtführungen« durch das mittelalterliche Lüneburg – zu Patrizierhäusern, zum Rathaus und Hafen mit dem alten Holzkran.

Altes Kaufhaus und Holzkran an der Ilmenau

Middelhagen (Rügen) ㉔

Schul-Museum

Dorfstraße
18586 Middelhagen
Tel. 0 38 308/21 53
und 24 78

Altes Schulhaus von 1825, Schrift- und Bildtafeln, unterschiedliche Schulbänke aus 50 Jahren, Lederranzen, Schiefertafeln, Lehrer- und Küsterwohnung, historische Schulstunde

Unterricht wie anno dazumal

Rüdiger war vorlaut. Ab auf die Strafbank mit ihm! Sandra hat Trauerränder unter den Fingernägeln. Dafür gibt's einen Klapps. Wer die Hausaufgaben nicht gemacht hat oder ständig stört, muss vor die Klasse treten und bekommt einen Hieb mit dem Rohrstock auf den Po. Schulunterricht wie anno dazumal. Wer sich nicht mehr erinnern kann oder zu jung ist, um es selbst miterlebt zu haben, dem sei ein Besuch des Schul-Museums in Middelhagen (bei Göhren) empfohlen. Ein bis zwei Mal pro Woche findet im alten Schulhaus an der Kirche eine historische Schulstunde statt. Mädchen und Jungen stellen sich in Reihen auf, bevor sie sich in die wurmstichigen Bänke zwängen. Natürlich müssen sie sofort aufspringen, wenn die Frau Lehrerin den Klassenraum betritt. Zu Beginn des Unterrichts wird ein Lied geschmettert »Jetzt fahr'n wir übern See, übern See.« Dann kontrolliert die gestrenge Schulmeisterin, ob jeder ein frisch gefaltetes Taschentuch dabei hat. Spätestens hier müssen die meist erwachsenen Schüler passen, die sich abseits der Ostseestrände von Binz, Sellin und Göhren den Spaß eines Museumsbesuchs gönnen. Bis 1962 war die einklassige Dorfschule von Middelhagen noch in Betrieb, in dem engen Raum mit den knarrenden Dielen wurden bis zu 60 Kinder gleichzeitig unterrichtet. Hauptfächer im preußischen Schulunterricht waren Religion, Lesen, Schönschrift, Rechnen, Heimatkunde, Singen, Handarbeit (Mädchen) und Körperertüchtigung (Jungen). Heutigen Schülern wird zur Erinnerung am Schluss der Stunde ein Zeugnis ausgehändigt. Wer möchte, kann am Ausgang auch

Wer stört, bekommt einen Hieb auf den Po

eine Schiefertafel erwerben und noch einen Blick in die fast vollständig erhaltene Lehrerwohnung werfen.

Öffnungszeiten: Febr., März, April und Okt. Di bis So 10 – 16 Uhr, Mai und Sept. täglich 10 – 17 Uhr, Juni, Juli, Aug. täglich 10 – 18 Uhr, geöffnet auch 27. – 31. Dezember, Historische Schulstunde: Mi 10 Uhr, im Juli/Aug. auch Di 10 Uhr (Gruppen nach vorheriger Anmeldung)

Eintrittspreise: Ew. 2 Euro, Ki. (6–18 J.) 1 Euro, Historische Schulstunde: Ew. 2 Euro, Schüler und Studenten 1 Euro

Führungen: kostenlos

Anreise: Ab Bergen (Rügen) auf der B 196 bis Middelhagen, Linienbusse ab Bergen, Binz, Sellin, Baabe, Göhren, Thiessow oder mit dem Dampfzug »Rasender Roland« von Putbus nach Göhren, Fußweg ca. 3 km

Parken: Stellplätze im Ortszentrum von Middelhagen, Parkplatz ca. 150 m

Behindertengerecht: nein (Stufen)

Tipp: Weitere Attraktionen im Ortskern sind die hübsche Katharinenkirche (Flügelaltar von 1480) und ein reetgedecktes Hallenhaus mit einer heimatkundlichen Ausstellung. Gegenüber können Sie im Gasthaus »Zur Linde«, einem ehemaligen mittelalterlichen Dorfkrug, Fisch-Spezialitäten und selbstgebrautes Bio-Landbier genießen.

Norden

Ostfriesisches Tee-Museum

(25)

Am Markt 36
26506 Norden
Tel. 0 49 31/12 100
www.teemuseum.de

Ausstellung zur Geschichte des Tees. Zu sehen sind wertvolle Kannen, Porzellane und ein japanisches Teehaus

Eine Weltreise in Sachen Tee

Manche meinen ja, dass der Brauch des Teetrinkens erst nach der französischen Revolution aufkam, weil sich der Ruf »Liberté« in ostfriesischen Ohren anhörte wie »lieber Tee«. Ein Ostfriesenwitz – oder vielleicht doch nicht? Tatsache jedenfalls ist, dass den Pastoren des 17. Jahrhunderts der ausufernde Bierkonsum ihrer friesischen Landsleute ein Dorn im Auge war. So kam es gerade recht, das holländische Seeleute zu dieser Zeit ein exotisches Getränk aus China einführten – den Tee. Das neue Heißgetränk verbreitete sich in Windeseile – es passte ja auch hervorragend zum platten Land und zum Geschrei der Möwen. So entwickelte sich im Laufe der Jahrhunderte eine spezielle ostfriesische Teekultur: In den heißen Trank werden zunächst Kluntjes (Kandisbrocken) gegeben, und wenn es dann gemütlich knistert, wird etwas Teesahne hinzugefügt. Kein Wunder also, dass ausgerechnet in Ostfriesland das erste Tee-Museum Europas gegründet wurde. Es ist räumlich mit dem Heimat-Museum im Alten Rathaus der Stadt Norden verbunden, bildet aber eine abgeschlossene Abteilung. Besucher machen eine Weltreise in Sachen Tee. Sie lernen den Tee als Kulturpflanze kennen, erfahren wichtige Dinge über den Ernte-Ablauf und die Weiterverarbeitung. Natürlich wird ausführlich auf die Trinkgewohnheiten von

Samowar mit Teekanne (19. Jahrhundert)

Chinesen, Japanern, Engländern und Ostfriesen eingegangen. Zu den vielen Exponaten gehören alte Teekannen aus Steingut und Silber, ebenso bunt gemusterte Tee-Services aus China, Japan und Meißen. In den Räumlichkeiten des Museums wurde ein japanisches Teehaus nachgebaut. Besonders stolz ist man auf Porzellan aus Schiffswracks, die noch heute im ostchinesischen Meer liegen. Regelmäßige Sonderausstellungen (Beispiel: »Tuareg – Teezeremonie in der Sahara«).

Typische ostfriesische Wohnküche mit Schlafbutzen (bis 1950)

Öffnungszeiten: Di bis So 10 – 16 Uhr
Eintrittspreise: Ew. 2,50 Euro, Ki. (6 bis 16 J.) 1 Euro, Gruppen (ab 10 Pers.) 2 Euro, Familienkarte 6 Euro
Führungen: 25 Euro (nach Voranmeldung)
Anreise: A 28 Oldenburg – Leer, Abfahrt Filsum, B 72
Norden ist Interrregio-Station; Busse 12, 70 ,72
Parken: auf dem Marktplatz (kostenpflichtig)
Behindertengerecht: nein

Tipp: In der St.Ludgeri-Kirche steht eine schöne Barockorgel, die der berühmte Orgelbauer Arp Schnitger von 1686 bis 1692 geschaffen hat. Von Juni bis September ertönt ihr Klang im Kirchenraum jeweils mittwochs 20 Uhr.

Osten

Buddel-Museum

㉖

Am Markt 5
21756 Osten
Tel. 0 47 71/36 82
oder 52 54

4 500 originelle Alkoholverpackungen aus aller Welt: Miniflaschen, Folklore-Figuren, Fahrzeuge, Gebäude, Promis, Tiere

Bis zum Stehkragen voll mit Köm

Der Ort Osten hat nicht nur eine Schwebefähre zu bieten, sondern auch eine Sammlung zum Schmunzeln. In mehreren Räumen des Heimatmuseums sind rund 4 500 Verpackungen aufgereiht, die allesamt einen hochprozentigen Inhalt haben: Miniflaschen, Telefone, Oldtimer, Fußbälle, Pickelhauben, Seehunde, Schwarzwaldmädel, Micky Maus, Katzen, Adler, Seehunde, Piraten – alle randvoll gefüllt mit Korn, Likör oder Brandy. Der Hamburger Hummel, bis zum Stehkragen voll mit Köm, steht noch standfest auf seinem Platz, der schiefe Turm von Pisa hat dagegen schon beängstigend viel Schlagseite. Das Geburtshaus von Shakespeare, eine holländische Bockwindmühle, der Santa-Fé-Express – auch diese Souvenirs wurden mit berauschendem Inhalt verkauft. Colts, ein Damenunterleib, Napoleon, eine Flamenco-Tänzerin, der

Da fällt es schwer, standfest zu bleiben: Miniflaschen in Hülle und Fülle

späte Elvis – kaum eine Figur haben Schnapsproduzenten ausgelassen, um ihre anregenden Getränke unter die Leute zu bringen. Zusammengetragen wurde diese hochprozentige Mischung vom Ehepaar Anne und Jan ten Doornkaat, einer Seitenlinie der bekannten holländischen Kornbrennerfamilie, in 35 Jahren Sammlertätigkeit. In den 90er-Jahren hat die Gemeinde Osten die Buddelkollektion übernommen und dafür bereitwillig ein paar Räume im Heimat-Museum freigemacht. Zu den originellsten Exponaten zählen Flaschen mit Musikuhr, die beim Ausschenken Töne von sich geben, und magische Flaschen, die sich auf dem Tisch bewegen, um lästigen Gästen einen erhöhten Alkoholspiegel vorzugaukeln. Eine besondere Rarität ist eine Schmuggelflasche aus der amerikanischen Prohibitions-Ära, die den Schriftzug trägt: »Absolutely pure milk«.

Hochprozentige Grüße aus Spanien: Toreros und Flamenco-Tänzer in Flaschenform

Öffnungszeiten: 1. Mai bis 15. Sept. Di bis Fr 15.30 – 16.30 Uhr oder nach Vereinbarung

Eintrittspreise: Ew. 2 Euro, Ki. 1 Euro, Gruppen ab 10 Pers. 1,80 Euro, Gruppen ab 20 Pers. 1,50 Euro

Führungen: kostenlos (nur nach Voranmeldung)

Anreise: siehe »Technisches Museum Schwebefähre« Osten

Parken: Stellplätze vor dem Museum und in umliegenden Straßen

Behindertengerecht: nein

Tipp: Wo Sie schon mal da sind, sollten Sie auch einen Blick in die anderen Räume des Heimat-Museums werfen. Zu sehen sind eine alte Schmiede, Webstuhl, Möbel, Werkzeuge und viele Präparate der heimischen Tierwelt.

Osten

(27)

Technisches Museum Schwebefähre

Deichstr. 1
21756 Osten
Tel. 0 47 71/23 38

Die Schwebefähre über die Oste von 1909, Niedersachsens erstes technisches Denkmal

Der liegende Eiffelturm

Vor 160 Jahren blühten in Osten (Land Kehdingen) Handel und Wandel. Allein zwanzig Ziegeleien waren in dem kleinen Ort ansässig. Sie stellten damals einen großen Teil der Bausteine her, mit denen die Hamburger Innenstadt nach dem großen Brand 1842 wiederaufgebaut wurde. Außerdem hatten sich an der Oste, einem Nebenfluss der Elbe, eine Goldschmiede und fünf Werften niedergelassen. Doch wenn der Fluss, die Lebensader des Dorfes, im Winter zufror und der Fährkahn nicht verkehren konnte, geriet die ganze Geschäftigkeit ins Stocken. Im Jahre 1899 – in einer Zeit aufblühender Ingenieurskunst – entschlossen sich die Ortsgewaltigen deshalb zu einem ungewöhnlichen Brückenschlag: Sie beauftragten einen Schüler Gustave Eiffels, den Diplomingenieur Pinette, eine Schwebefähre zu entwerfen. So entstand 1909 für 286 000 Goldmark mit den stattlichen Maßen von 38 Metern Höhe und 80 Metern Länge ein starres Gittergerüst, das an einen liegenden Eiffelturm erinnert. Im Freiraum unter der horizontalen Konstruktion wurde eine 34 Tonnen schwere Gondel aufgehängt, die sich – von zwei Elektromotoren angetrieben – in drei Minuten über den Fluss bewegt. Bei Windstille konnte sie bis zu 140 Personen befördern, dazu Fahrzeuge mit einem Gesamtgewicht von 18 Tonnen – sogar Dampfwalzen nutzten diese Möglichkeit der geräuschlosen Überfahrt. Nach 23 634 Tagen treuer Diensterfüllung widerfuhr der Schwebefähre ein ähnliches Schicksal wie einem Menschen im gleichen Alter: Nach exakt 65 Jahren wurde sie in den Ruhestand versetzt. Zum Glück kam sie aber nicht »zum alten Eisen«, sondern wurde mit dem Prädikat »Technisches Denkmal« ausgezeichnet und auf Museumsbetrieb umgestellt. Heute ist sie eine der großen Attraktionen im Unterelberaum. Viele Menschen nehmen für das Vergnügen, unter dem liegenden Eiffelturm über die Oste zu schweben, einen langen Anreiseweg in Kauf. Technik-Freaks können übrigens im oberen Stockwerk des Heimat-Museums Einsicht in die Konstruktionspläne der Fähre nehmen.

Die Schwebefähre – ein Brückenschlag über die Oste

Öffnungszeiten: täglich 11 – 17 Uhr, Von Ende Oktober bis Karfreitag kein Fährbetrieb
Eintrittspreise: Ew. 1,50 Euro (für eine Fahrt hin und zurück), Ki. (4 bis 11 J.): 1 Euro, Gruppen nach Vereinbarung
Führungen: Infos während der Überfahrt
Anreise: B 73 Hamburg – Cuxhaven, im Ort Hemmor abbiegen auf die B 495 Richtung Wischhafen, kurz hinter der Hochbrücke Abzweig nach Osten. Bahnstrecke Hamburg – Cuxhaven, Bahnhof Hemmoor (2 km)
Parken: 30 Stellplätze vor der Fähre
Behindertengerecht: ja

Tipp: Das Restaurant »Fährkrug« gleich neben der Schwebefähre ist für seine regionalen Fischspezialitäten bekannt. Hier können Sie in rustikaler Atmosphäre Oste-Stint, Oste-Aal und Hadelner Hochzeitssuppe genießen.

Pellworm

Rungholt-Museum

㉘

Westerschütting 2
25849 Pellworm
Tel. 0 48 44/5 69

Fundstücke, die das Watt freigegeben hat: Tonscherben, Krüge, Trinkgefäße, Glocken, Küchengerät, Knochen, Muscheln, Seeigel

Scherben versunkener Kulturen

Nur selten hebt Hellmut Bahnsen den Blick, wenn er durch das Watt wandert. Ihm könnte ja eine kleine Ecke oder Kante entgehen, die vorwitzig aus dem riffligen Wattboden herausragt. Das Hindernis wird im Sand gelockert, und heraus löst sich meistens eine Tonscherbe. Manchmal auch Knochen von Mensch oder Tier, Glasscherben, hölzerner Hausrat oder auch größere Stücke wie eine Radnabe, die Reste einer Kirchenglocke oder eines Zahnkranzes. In aller Regel sind es aber Scherben,tönerne Zeugen von Fischerdörfern, die einst von verheerenden Sturmfluten zerstört wurden. Amateur-Archäologe Bahnsen hat Instinkt und Fingerfertigkeit entwickelt, die Fundstücke fast lückenlos zu Krügen, Tellern, Schüsseln und Trinkgefäßen zusammenzufügen. Seitdem sich der ehemalige Krabbenfischer intensiv mit der Geschichte seiner Heimatinsel Pellworm befasst, gelingt ihm auch mühelos die zeitliche Einordnung der Tonscherben. Ein großer Teil stammt aus der Zeit vor 1362. In diesem Jahr ist die sagenumwobenen Stadt Rungholt untergegangen, die auch schon in Balladen von Detlev von Liliencron besungen wurde. Problemlos lassen sich auch glasierte Ofenkacheln, Spindeln und Holznägel datieren. Sie waren bis Mitte des 17. Jahrhunderts im Gebrauch. In der Schicksalsnacht vom 11. auf den 12. Oktober 1634 vernichtete der »Blanke Hans« Alt-Nordstrand. Viele der Fundstücke, vom Watt konserviert, dürften aus den zerstörten Fischerhütten dieses Küstenortes stammen. Hellmuth Bahnsen hat sie alle gesammelt und stellt sie in seinem kleinen Privat-Museum am Wester-Schütting aus. Dazu Strandgut, dessen Herkunft manche Rätsel aufgibt: Bronzekacheln, hölzernes Küchengerät, Pinsel mit Fadenresten, ein altes Spielzeugboot. In einer »Natur-Ecke« trifft der Nordsee-Urlauber auf alte Bekannte: Muscheln, Seesterne, Seeigel, Fischernetze, Bernstein und Katzenhai-Eier.

Tonkrüge, die das Watt freigegeben hat: Ehepaar Bahmsen

Öffnungszeiten: Mittwoch ab 16 Uhr oder nach Voranmeldung

Eintrittspreise: Ew. 3 Euro, Ki (6 bis 14 J.) 1,50 Euro, Gruppen nach Vereinbarung

Führungen: kostenlose Führung gehört dazu

Anreise: Pellworm erreichen Sie nur per Fähre ab Anlegestelle Strucklahnungshörn auf der Halbinsel Nordstrand. Täglich fünf bis sechs Abfahrten. Vom Hafen Pellworm Richtung Alte Kirche über Tilli etwa 6 km bis zur Straße Wester-Schütting. Infos zu Pellworm: Tel. 0 48 44/1 89 40, www.pellworm.de

Parken: vor dem Museum

Behindertengerecht: ja

Tipp: Amateur-Archäologe Hellmut Bahnsen führt Sie persönlich ins Watt, u. a. zu Seehundbänken und den Halligen Süderoog und Hooge. Vielleicht stoßen Sie bei Ihrer Wattwanderung selbst auf seltene Tonscherben. Kosten für Erwachsene 3,50 bis 10 Euro, Kinder 2 bis 7,50 Euro.

Pinneberg

㉙

Museum für Rot-Kreuz-Geschichte

Rehmen 89
25421 Pinneberg
Tel. und Fax 0 41 01/
2 39 90

Sammeldosen, Uniformen, Fotos, Briefmarken, Plakate, historische Uniformen, Orden, Ehrenzeichen, Bücher und Dokumente, medizinische Geräte, Funkstation

Aus dem Leben ehrenamtlicher Helfer

Der Zufall stand auch für dieses kleine Privat-Museum Pate. Die Geschichte nahm ihren Anfang, als 1962 in der Kleiderkammer des DRK-Ortsvereins Pinneberg eine Rot-Kreuz-Uniform aus dem Jahre 1936 auftauchte. Hans-Peter Tank, ein Rot-Kreuz-Helfer aus Leidenschaft, entdeckte sie, und die Idee zu diesem Museum war geboren. Er sammelte weitere Rot-Kreuz-Gegenstände aus dem In- und Ausland – von der Schnabeltasse bis zum Verbandskasten, vom Ehrenkreuz bis zur Schwesterntracht. Neben Uniformen und Einsatzanzügen konnte er zufällig auch einen Pulmator der Firma Dräger aus dem Jahre 1929 ergattern sowie eine rostige Sammeldose, die zu Beginn des 1. Weltkriegs zum Einsatz kam. Stolz erfüllt den Sammler, wenn er von seinem ältesten Exponat berichtet, eine Schwesternbrosche aus dem Jahre 1870. Genau so sehenswerte Ausstellungsstücke sind ein Verdienstkreuz von 1900 und ein Sanitätsrucksack aus Saudi-Arabien.

Kleidsam: Schwesterntrachten aus dem 20. Jahrhundert

DRK-Funkstation (um 1950)

Nicht nur für Amateurfunker interessant: In einer Ecke des Museums wurde eine DRK-Funkstation aufgebaut – mit Feldtelefon, Verteilerkästen, Feststation und Funkgeräten. Tanks Sammelleidenschaft blieb nicht ohne Folgen. Der DRK-Kreisverband Pinneberg übernahm 1995 die Trägerschaft für das Museum, mit dem Ziel, Ausrüstungsgegenstände und Literatur über das Rote Kreuz der Nachwelt zu erhalten.

Öffnungszeiten: Mi 17 – 20 Uhr und nach telefonischer Vereinbarung

Eintrittspreise: frei (Spende erbeten)

Führungen: kostenlos

Anreise: A 23 Hamburg – Heide, Abfahrt Pinneberg-Süd, Rellinger Str. rechts Straße Rehmen; S 21 ab Hamburg bis Station Thesdorf, 15 Minuten Fußweg

Parken: 10 Stellplätze vor dem Haus

Behindertengerecht: ja (ebenerdig)

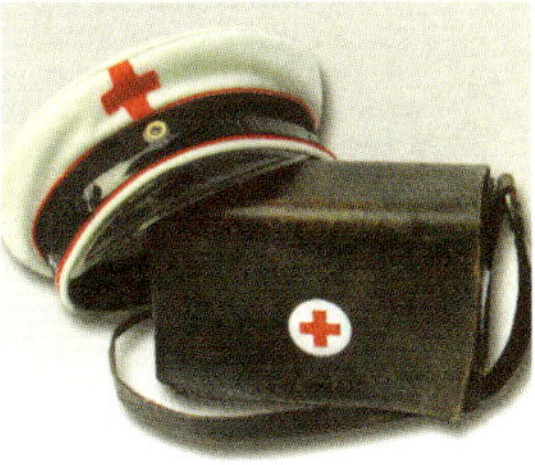

Tipp: Nur wenige Schritte entfernt liegen das Freibad und der Pinneberger Rosengarten. Vor allem von Juni bis September lohnt ein Spaziergang durch dieses üppig blühende und duftende Rosarium.

Preetz

(30)

Erstes Circus-Museum in Deutschland

Mühlenstr. 14
24211 Preetz
Tel. 0 43 42/18 69
Fax. 0 43 42/8 49 64
www.circus-museum.de

Zirkuskostüme, Zirkusmodelle, Fotos, Plakate, Programmhefte, Requisiten. Nachlässe von Artistenfamilien und Clowns

Menschen, Tiere, Sensationen

Als Siebenjähriger schlich sich Friedel Zscharschuch an der Kasse vorbei ins Zirkuszelt. Den Todessprung des Artisten Farengo, der erst kurz vorm Manegenboden gestoppt wurde, hat er nie vergessen. Fasziniert vom fahrenden Volk und vom »Bazillus circensis« befallen, sammelte der spätere Fernsehjournalist alles, was zur großen Glitzerwelt gehört. Aus diesem riesigen Fundus entstand in den 70er-Jahren in Preetz Deutschlands erstes und einziges Circus-Museum. Renz und Althoff,

Plakate aus 100 Jahren Zirkusgeschichte

Barum, Krone, Busch, Williams und Sarrasani – all die klingenden Namen werden auf zwei Ebenen und 316 Quadratmetern wieder lebendig. Hier finden Sie die übergroßen Latschen wieder, über die der unvergessene Clown Grock stolperte. Auch jenes Kostüm,das René Deltgen im Zirkusfilm »Tromba« trug. Der Sarrasani-Sattel aus dem Jahre 1925 baumelt neben dem Frack des schwedischen Pferdedresseurs Patoletti, und das Kleid, das die Raubtierlehrerin Edda trug, als ein Bär sie angriff, hängt noch immer zerrissen in einer Ecke. Jedes Exponat hat seine eigene Geschichte. Besondere Abteilungen sind jeweils den großen Zirkus-Unternehmen, den Clowns, Artisten

Fotos erinnern an unvergessene Artisten und Clowns

und Dompteuren gewidmet. Alle Wände sind üppig behängt mit Plakaten, Fotos und kuriosem Kitsch aus 100 Jahren Zirkusgeschichte. Das kleine Museum ist ständig im Wandel begriffen. Nach dem Tod des Museumsgründers hat ein Förderverein die Aufgabe übernommen, Kontakt zu den großen Artistenfamilien aufzunehmen.. Neu hinzugekommen sind seitdem u. a. Kostüme der Clowneske Antoschka und der Familie Schickler, die für ihre hohe Schule der Pferdedressur bekannt ist. Um Kostüme von Charlie Rivel und der Hochseiltruppe »Vallendas« (Sieben-Personen-Pyramide auf dem Seil) bemüht sich das Team ebenfalls – mit etwas Glück können Sie die neuen Exponate schon im Museum bewundern.

Öffnungszeiten: Sa 15 – 18 Uhr, So 10 – 12 und 15 – 18 Uhr oder nach Voranmeldung
Eintrittspreise: Ew. 2 Euro, Ki. 1 Euro
Führungen: für Gruppen nach Voranmeldung
Anreise: auf der A 7 nach Kiel, 16 km auf B 76 nach Preetz, das Museum liegt etwa in der Ortsmitte
Parken: vor dem Haus
Behindertengerecht: nein (Treppen)

Tipp: Preetz, von drei Seen umgeben, besitzt ein Benediktinerinnen-Kloster mit Klosterkirche (1236). Von hier lohnen Abstecher an die nahe Ostseeküste oder in die Holsteinische Schweiz.

Putbus ㉛

Uhren- und Musikgeräte-Museum

Alleestr. 13
18581 Putbus
Tel. und Fax
038301/6 09 88

600 historische Uhren und mechanische Musikinstrumente, Uhren aus Barock und Biedermeier, Kruzifixuhren, Schwarzwalduhren, Turmuhr aus Schloss Ralswiek, Spieluhren, Grammaphone, Polyphone

Vorderzappler und Kuhschwanz

Am Eingang hockt eine Uhrmacherpuppe im Blaumann, im Hintergrund ächzt ein Münz-Polyphon: »Wir sind die lustigen Holzhackerbuam«. Wer das Uhren- und Musikgeräte-Museum in einem der typischen, klassizistischen Wohnhäuser von Putbus betritt, findet sich in einer ganz eigenen Atmosphäre wieder. Zu einem unvergesslichen Erlebnis wird es, wenn Franz Sklorz persönlich führt. Der gebürtige Schlesier hat im Laufe seines Lebens 600 Exponate zusammengetragen – oder besser gesagt, zusammengekauft. Ganz selten fiel ihm mal ein kostbares Stück gratis in die Hände. Dafür hätte er seine Sammlung schon mehrfach verkaufen können. Zum Glück konnte Franz Sklorz der Versuchung aber widerstehen, sonst würde den Rügen-Besuchern heute so manches Seh- und Hörvergnügen verloren gehen. Die Wände sind über und über tapeziert mit Spindeluhren, üppig verzierten Barockuhren, Rahmenuhren, Schwarzwald-, Kruzifix- und Monstranzuhren aus drei Jahrhunderten, davon viele mit Halb-, Vollschlag oder Repetierwerk. In Vitrinen stehen außerdem Kostbarkeiten dicht aufgereiht: Jugendstiluhren, Herrenuhren, Kaminuhren, Taschenuhren, Biedermeier-Tischuhren und ein Reisewecker aus der Barockzeit. Wie allerdings »Vorderzappler«, »Kuhschwanzpendeluhr«, die tragbare Sonnenuhr und andere ungewöhnliche Zeitmessgeräte funktionieren, das sollten Sie sich von Franz Sklorz selbst erklären lassen, der das Innenleben seiner Lieblinge in- und auswendig kennt.

Das Uhrenmuseum befindet sich in einem der klassizistischen Gebäude des Residenzstädtchens

In zwei Nebenräumen folgt die Abteilung mechanische Musikinstrumente, deren Funktion der Hausherr ebenfalls persönlich vorführt: Drehorgeln, Grammophone, Eisenplattenspieler, Polyphone mit Lochscheiben, einen Christbaumständer mit eingebauter Spieluhr. Zu den Einfällen früherer Musikliebhaber gehört auch die Serenette, ein Gerät, das acht einfache Melodienfolgen gespeichert hat. In Bürgerhäusern spielte man sie dem Kanararienvogel vor, um den gefiederten Hausfreund zu eigenen Gesängen zu animieren.

Am Pulsschlag der Zeit – die Uhrensammlung von Franz Sklorz

Öffnungszeiten: Nov. bis April täglich 11 – 16 Uhr, Mai bis Okt. täglich 10 – 18 Uhr

Eintrittspreise: Ew. 2,50, Ki. (bis 14 J.) 1,50, Gruppen (ab 10 Pers.) 2 Euro

Führungen: kostenlos

Anreise: von Stralsund kommend nach dem Rügendamm nach rechts in die »Deutsche Alleenstraße«. 30 km bis Putbus, von Bergen Landstraße nach Süden 7 km, von den Seebädern mit dem Dampfzug »Rasender Roland« bis Bahnhof Putbus, 15 Min. Fußweg

Parken: vor dem Museum

Behindertengerecht: nein (Stufen)

In zwei Räumen sind mechanische Musikgeräte zu bewundern

Tipp: Theater, Orangerie mit Galerie, Marstall und Schlosspark sind weitere Sehenswürdigkeiten des klassizistischen Residenzstädtchens Putbus. Am Marstall, im sogenannten »Affenhaus«, finden Sie auch ein Puppen- und Spielzeug-Museum mit rund 500 Puppen, Teddys und Puppenstuben (Infos: Tel. 03 83 01/6 09 59).

Rechlin

(32)

Luftfahrttechnisches Museum

Am Claassee
17248 Rechlin
Tel. 039823/2 04 24
Fax 039823/2 79 66
www.luftfahrttechnisches-museum-rechlin.de

Kleines Museum für Technik-Freaks: Im Werkstattgebäude wurden Prototypen von Flugzeugen getestet. Im Außenbereich Jagdbomber, Hubschrauber und Agrarflugzeug

Die Schatten der Vergangenheit

Rechlin hat eine dunkle Vorgeschichte. Das kleine, urkundlich 1374 erstmalig erwähnte Dorf am Südostufer des Müritz-Sees (Mecklenburg) musste 1934 der ersten und größten Erprobungsstelle der Luftwaffe weichen. Während des Dritten Reichs wurden hier Prototypen von Landflugzeugen und ihre Bewaffnungen montiert und getestet. Nach dem Zweiten Weltkrieg nutzten nacheinander sowjetische Militärs, NVA und Bundeswehr das Gelände für ihre Zwecke. Nach Abzug der russischen Truppen 1993 und nachdem

Jagdbomber Su-22: Besucher können einen Blick in das Cockpit werfen

1995 auch der einzige Industriebetrieb des Ortes, eine Schiffswerft, in Konkurs gegangen war, sahen die Rechliner nur eine wirtschaftliche Möglichkeit: Die Aufarbeitung ihrer Dorfgeschichte mit dem aufstrebenden Tourismus an der Müritz zu verknüpfen. So entstand 1998 dieses kleine Museum. Im Außenge-

Das Mehrzweck-Flugzeug Z 37

lände stehen ein Hubschrauber vom Typ MI-8T, ein Jagdbomber der NVA und ein Agrarflugzeug, im Originalgebäude der Erprobungsstelle wird der Stand der damaligen Luftfahrttechnik dargestellt. Die Schatten der Vergangenheit verfolgen die Rechliner bis in die Gegenwart: Im Museum sind auch Fahrwerkteile eines im Krieg abgeschossenen englischen Jagdbombers ausgestellt, die erst 1998 aus der Müritz geborgen wurden.

Öffnungszeiten: Mai bis Oktober: täglich 10 – 16 Uhr, November bis April: Mo bis Do. 10 – 16 Uhr, Fr 10 – 15 Uhr

Eintrittspreise: Ew. 3 Euro, Ki. (10 bis 16 J.) 1 Euro, Gruppen (ab 10 Pers.) 1,50 Euro, Schwerbeschädigte 1,50 Euro

Führungen: nach Anmeldung 15 Euro

Anreise: A 19 Berlin – Rostock, Abfahrt Röbel, auf B 198 Richtung Mirow

Parken: ausreichend vor dem Museum

Behindertengerecht: ja

Tipp: Die wenige Kilometer entfernten Fischteiche zwischen Rechlin und Boek bieten »Greifvogel-Garantie«. Vor wenigen Jahren wurden hier von Ornithologen an nur einem Tag 28 See- und Fischadler gezählt. Für Gäste wurden Beobachtungsstände gebaut – Feldstecher nicht vergessen!

Reinbek

(33)

Museum Rade
»Volkstümliche Künste« (Stiftung Sammlung Rolf Italiaander/Hans Spegg)

Schloßstr. 4
(am Schloss Reinbek)
21465 Reinbek
Tel. 0 40/722 91 58

Naive Gemälde, Masken, Holzschnitte, Holzskulpturen aus aller Welt. Auch Werke bekannter Künstler und künstlerische Versuche von Personen der Zeitgeschichte

Von Hamburg nach Haiti

Wussten Sie, dass Gustav Gründgens zeitlebens nur ein einziges Bild gemalt hat? Die Ansicht des Kavalierhauses seines Gutes in Zesen ziert den Eingang des Museums Rade in Reinbek. Das in zarten Pastelltönen gehaltene Gemälde befindet sich in bester Gesellschaft. Auch andere Personen der Zeitgeschichte wie Hermann Hesse, Anneliese Rothenberger, Victor de Kowa und Reichsaußenminister Walter Rathenau haben zu Pinsel und Bleistift gegriffen. Ihre Arbeiten gehören zum Bestand des Museums, werden aber nur zum Teil ausgestellt. Insgesamt sind es rund eintausend Werke bekannter und unbekannter Künstler, die in der Gründerzeitvilla am Flüsschen Bille eine Bleibe gefunden haben. Sie gehören zu Rolf Italiaanders Sammlung »Volkstümliche Künste«. Der bekannte, 1991 verstorbene Schriftsteller, Völkerkundler und Weltbürger sah darin seinen Beitrag zur Völkerverständigung. Genauso viel Hochachtung wie seinen prominenten Freunden brachte Italiaander den Werken namenloser Künstler entgegen, die er und sein Mitarbeiter Hans Spegg auf vielen Streifzügen durch

Treffpunkt für Weltbürger – das Museum Rade an der Bille (Foto: Rüdel)

aller Herren Länder zusammengetragen haben. Farbintensive Ölbilder von »Naiven« aus Deutschland, Kroatien, Indien, Japan, Haiti, Kuba, Brasilien, dem Senegal und Bali zieren die Wände dicht an dicht. Ziegenfell-Comics äthiopischer Märchenerzähler sind genauso darunter wie Wandteppiche, Südseemasken und die Kaltnadelradierungen der inzwischen weltberühmten Poto-Poto-Schule in Zaire. Rolf Italiaander war kein reicher Mann. Er hat seine Kunstwerke nicht ankaufen können, sondern im echten Sinne des Wortes gesammelt. Hinter jedem der Werke steckt eine Geschichte, die in seinem Buch »Kunstsammler sind glückliche Menschen« beschrieben sind. Als roter Faden führt durch alle Stockwerke eine Blumentreppe, bunte Blütenträume aus aller Welt, für die auch Kanzlergattin Loki Schmidt einen Beitrag leistete.

»Anglerlatein« von Lucia Lamot (1973, Öl auf Holz)

Öffnungszeiten: Mi bis So und an Feiertagen 10 – 17 Uhr, Geschlossen: 24. – 26.12., 31.12. und 1.1.

Eintrittspreise: Ew. 1,50 Euro, Schüler –,50 Euro, Gruppen (ab 15 Pers.) 1 Euro, Familienkarte (ab 3 Pers.) 2,50 Euro

Führungen: für Gruppen ab 15 Pers.; 1,50 Euro pro Person

Anreise: B 5, Abfahrt Reinbek, oder A 24 Hamburg – Berlin, Abfahrt Reinbek; mit S-Bahn 21 von Hamburg nach Reinbek.

Parken: Stellplätze vor dem Museum

Behindertengerecht: nein

Tipp: Besichtigen Sie auch das gegenüberliegende Renaissance-Schloss Reinbek mit Schlosspark und Mühlenteich. Kombi-Karten für Museum Rade und Schloss: Ew. 3 Euro, Ki. 1,75 Euro, Familienkarte 4 Euro

Schönberg bei Kiel

(34)

Kindheits-Museum

Knüllgase 16
24217 Schönberg
Tel. 0 43 44/68 65
www.kindheits
museum.de

Spielzeug, Kinderbücher, Kleidung, Möbel seit 1890 sowie zahlreiche Fotos, die die Lebens- und Wohnsituation von Kindern zeigen

Wie Politik Spielzeug verändert

Fabrikmäßig hergestellte Spielsachen gab es im 19. Jahrhundert fast ausschließlich in bürgerlichen Haushalten. In Arbeiterfamilien fehlte es meist an Geld, die Kinder der »kleinen Leute« mussten ihre Phantasie anstrengen, selbst Spiele erfinden oder sich aus Holz oder Metallteilen einfaches Spielgerät basteln. Trotz aller Widrigkeiten – Spielzeug war für Kinder in allen Epochen notwendig, um sich die Welt der Erwachsenen zu erschließen. In diesen sozio-kulturellen Zusammenhang stellt das Kindheits-Museum in Schönberg seine umfangreiche Spielzeug-Sammlung. Es geht nicht um eine lückenlose Schau möglichst gut erhaltener Exponate, sondern darum, den Einflüssen von Wirtschaft, Politik, Erziehung und Literatur auf die kindliche Entwicklung nachzuspüren. Auch die Schattenseiten des Kindseins werden ins Blickfeld gerückt. Die zentrale Sammlung im alten Schönberger Amtsgericht widmet sich dem Thema »Kindheit seit 1890«. Kleinere Nebenräume bleiben den Themen »Jungen- und Mädchenspielzeug«, »Spiele im Freien«, »Kinder und Werbung« sowie »Schule« vorbehalten. Auf Ausstellungsstücke mit besonderer Geschichte wird im »Exponat des Monats« hingewiesen. Als Schenkung

Typisches Spielzeug damals – links für die Jungen, rechts für die Mädchen

erhielt der Museumsverein zum Beispiel einen 80 Jahre alten, selbstgebauten Hafenspeicher mit kleinen Kisten, Säcken und Fässern, den eine jüdische Familie 1937 bei ihrer Flucht nach Dänemark zurücklassen musste. Der kleine Speicher wurde zum Exponat des Monats Juli 2001 gekürt. Trotz des ernsthaften Anliegens bleibt die kleine Sammlung ein »Museum zum Anfassen«. Junge Besucher können sich in Spielecken austoben oder draußen Spielzeug »von früher« ausprobieren wie z. B. Springseile, Kreisel, Murmeln und Blechtrommeln.

Schule früher – enge Bänke und deutsche Schrift an der Tafel

Öffnungszeiten: 12. Mai bis 2. Juni nur So 14 – 17 Uhr, 9. Juni bis 22. September Di, Mi, Do, Fr, Sa, So 14 – 18 Uhr, Do auch 10 – 12 Uhr, außerhalb der Öffnungszeiten Gruppen nach Vereinbarung (außer 1. Dezember bis 31. März)

Eintrittspreise: Ew. 2 Euro, Ki. (1 bis 14 J.) 1 Euro

Führungen: Schulklassen Eintritt plus -Museumspädagogische Führung 40 Euro, Erwachsenen-Gruppen nach Vereinbarung

Anreise: ab Kiel mit Pkw auf B 502, Busse VKP 200 und 201

Parken: 30 m vom Museum entfernt

Behindertengerecht: zur Straße 3 Stufen, im Museum 2 Stufen, Behinderten-WC 30 m

Tipp: In der Sommersaison (Mitte Mai bis Anfang September) verkehrt zwischen Schönberg und Schönberger Strand ein historischer Dampfzug nach festem Fahrplan. Am Bahnhof Schönberger Strand können Sie 60 historische Schienenfahrzeuge bewundern. Auskünfte: Tel. 043 44/23 23 (an Wochenenden).

Seevetal

Telefon-Museum

(35)

Gustav-Becker-Str. 9
Bahnhof Hittfeld
21218 Seevetal
Tel. 0 41 05/1 26 76
Fax 0 41 05/15 99 76
www.telefon
museum-hittfeld.de

3 500 Telefone, Vermittlungen, Telegrafenstationen, Morsestationen, Alibiphone, Fernschreiber, öffentliche Fernsprecher, Faxgeräte, rekonstruierter Fahrkartenschalter

Großer Bahnhof für das Telefon

Vier Stufen sind es hinauf in den alten Hittfelder Bahnhof und man ist mitten drin im Reich des Rainer Pfeiffer. Dort, wo früher Reisende anstanden, um ein Ticket nach Hamburg oder Bremen zu erwerben, stehen heute Telefone, Vermittlungen, Anrufbeantworter, Fernschreiber, Morsestationen und Telexgeräte. Diese und andere Fernmeldeeinrichungen hat Rainer Pfeiffer in den vergangenen 35 Jahren zusammengetragen. Der engagierte Museumsleiter ist selbst vom Fach. Als Fernmeldetechniker kennt er das Innenleben seiner rund 3500 Sammlerstücke ganz genau. Mit viel Liebe fürs Detail hat er das historische Bahnhofsgebäude restauriert und in ehemaligen Diensträumen, in der Güterhalle und im Keller sein Museum eingerichtet. Herzstück ist eine umfangreiche Sammlung hölzerner Wandtelefone aus den Jahren 1882 bis 1925. Gleich daneben demonstriert eine Vermittlungsanlage, wie früher Telefonverbindungen zustande kamen. Vor den Steckverbindungen hockt das Fräulein vom Amt, die Schaufensterpuppe »Antje«. Amerikanische Design-Telefone werden von Pfeiffer stilvoll im Neonlicht ausgeleuchtet: Apparate in Form von Comic-Figuren wie Micky

Telefonvermittlung, 1. Hälfte 20. Jahrhundert

Mouse, Snoopy, Garfield und Kermit, als Coca-Cola-Flasche oder mit graziler Elvis-Presley-Figur, die bei Anruf mit den Hüften wackelt. Zum Fundus des Museums gehören auch ein elegantes, holzverkleidetes Telefon aus dem Besitz des Hollywood-Stars Doris Day und ein schmuckloses Standardtelefon, das Außenminister Hans-Dietrich Genscher während der Olympischen Spiele 1972 von München benutzte, um mit den Geiselnehmern der israelischen Mannschaft zu verhandeln. Stolz ist Pfeiffer auf einen Originalhörer des Telefon-Pioniers Alexander Graham Bell (1847 – 1922), den er 1988 auf einer Auktion in Chicago ersteigert hat.

Coca Cola und Micky Mouse – amerikanische Design-Telefone

Öffnungszeiten: Sa, So und an Feiertagen 14 – 18 Uhr, für Gruppen ab 15 Pers. auch nach telefonischer Vereinbarung
Eintrittspreise: Ew. 3 Euro, Ki. (bis 14 J.) 2 Euro
Führungen: für Gruppen nach telefonischer Vereinbarung (pro Person 5 Euro)
Anreise: A 7 Hamburg – Hannover, Abfahrt Fleestedt, A 1 Hamburg – Bremen, Abfahrt Hittfeld in die Hittfelder Landstraße, abbiegen in die Straße Am Bahnhof, dem braunen Hinweisschild folgen; mit der S 3 ab Hamburg Hbf bis Station Hittfeld
Parken: ca. 15 Stellplätze vor dem Bahnhof
Behindertengerecht: nein

Tipp: Ganz in der Nähe locken der Staatsforst Höpen, Hittfelder Forst und Klecker Wald zu ausgiebigen Spaziergängen. Ca.8 km entfernt liegt das Freilicht-Museum Am Kiekeberg in Ehestorf, ca. 10 km der Wildpark »Schwarze Berge«.

Sehnde-Wehmingen bei Hannover

(36)

Hannoversches Straßenbahn-Museum

Hohenfelser Str. 16
31319 Sehnde-Wehmingen
Tel. 0511/6 46 33 12,
an Öffnungstagen
05138/45 75

60 Straßenbahnwaggons aus Deutschland, ein historischer Wagen der Budapester U-Bahn

Aufopfernder Kampf gegen den Rost

Die gute, alte Tram! Viele Kommunen haben ihre Straßenbahn in den vergangenen Jahrzehnten abgeschafft – und es später wieder tief bereut. Zum Glück für das nostalgische Verkehrsmittel fand sich bereits 1971 in Hannover eine Gruppe von Enthusiasten, die nicht mitansehen konnte, wie die alten Waggons, die viele Jahrzehnte treu ihren Dienst verrichtet hatten, auf dem Schrott landeten. Sie gründeten das erste und einzige Straßenbahn-Museum in Deutschland. Für die ausrangierten Fahrzeuge fand sich alsbald ein geeignetes Gelände mit Gleisanschluss auf einer stillgelegten Kalizeche bei Wehmingen. Die Privatinitiative stieß bei bundesdeutschen Verkehrsbetrieben auf nachhaltiges Interesse. So gut es ging, stellten sie ausrangierte Fahrzeuge zur Verfügung. Bis heute ist die Sammlung auf über 60 Fahrzeuge angewachsen, in Wehmingen können sie nun in vier Hallen und auf dem Freigelände ihr »Gnadenbrot« fristen. Fast alle Bundesländer und Metropolen sind mit eigenen Wagentypen vertreten – der nördlichste Waggon stammt aus Flensburg, der südlichste aus München, der westlichste aus Aachen und der östlichste aus Dresden. Leider wurde ein Teil der Fahrzeuge in einem beklagenswerten Zustand angeliefert. Akribisch, mit sehr viel Liebe fürs Detail, werden sie von den rund 300 Vereinsmitgliedern restauriert – das bedeutet rund ums Jahr ein aufopferungsvoller Kampf gegen den Rost. Doch das Ergebnis kann sich sehen lassen:Rund fünfzehn Waggons sind mustergültig wiederhergestellt, darunter ein

Ausstellungshalle mit Wagen aus Kiel, Amsterdam, Berlin, Bremen, Hannover und Neuchâtel (Foto: Wöhl)

Einer von einst 500 Triebwagen des Typs T 24 aus Berlin (Foto: Heuer)

Wagen der Budapester U-Bahn (Baujahr 1896) sowie ein Hannoverscher Straßenbahnwagen von 1928. Während der Öffnungsszeiten werden Demonstrationsfahrten auf einer 1 km langen Strecke angeboten, eine Erweiterung auf 5,5 km ist in Planung.

Öffnungszeiten: 1. April bis 3. Oktober, Sa und So 11 – 17 Uhr, 1. Juli bis 31. Juli täglich 11 – 17 Uhr, geschlossen: 4. Oktober bis 31. März, Sondertermine für Gruppen nach Vereinbarung

Eintrittspreise: Ew. 5 Euro,Ki. (6 bis 15 J.) 2,50 Euro, Familienkarte 12,50 Euro, ermäßigt (Schüler ab 16 J., Auszubildende, Wehr- und Zivildienstleistende, Studenten, Arbeitslose, Sozialhilfeempfänger, Behinderte, Rentner) 4,50 Euro

Führungen: kostenlos möglich

Anreise: A 7 Hamburg – Hannover – Kassel, Abfahrt Laatzen/Sehnde, B 443, Abzweig Müllingen, über Wirringen nach Wehmingen. Ab Hannover-Hbf Stadtbahnlinie 1 Richtung Sarstedt bis Gleidingen-Nord, weiter mit Bus 330 Richtung Sehnde, KGS bis Wehmingen, kurzer Fußweg.

Parken: 40 Stellplätze am Museum

Behindertengerecht: bedingt (unebener Boden, kein Behinderten-WC).

Tipp: Von der Tram aufs Rad! Das Museum liegt unweit des Radrundwegs »Der grüne Ring« rund um Hannover. Auch entlang des Mittellandkanals, von der Schleuse Anderten aus, lässt sich der Museumsbesuch gut mit einer Radtour verbinden.

Sierksdorf

(37)

Erstes Deutsches Bananen-Museum

Prof.-Haas-Str. 59
23730 Sierksdorf
Tel. 0 45 63/83 35
www. Bananen museum.de

2.000 Dinge, die mit Bananen zu tun haben: Sticker, Plakate, CDs, Textilien, Spielzeug, Gebrauchsgegenstände, Geschenkartikel, Lebensmittel , Literatur

Ein Mann sieht gelb

Bernhard Stellmachers Fall ist hoffnungslos. Der Industrie-Designer ist infiziert – mit dem »Virus bananicus«. Seit 25 Jahren sammelt der Sierksdorfer mit dem Pseudonym Stelli Banana alles, was krumm und gelb ist und irgendwie mit Bananen zu tun hat. Über 2 000 krumme Früchtchen hat er schon zusammengetragen oder selbst entworfen. Als Salzstreuer und Wasserwaage, Dosenöffner, Regenschirm, Seife, Vase, Brosche, Thermometer, Kerze füllen die gelben Exoten nun Stellmachers Kellerräume. Hier glänzt ein Bananen-Ganzkörperkostüm, dort hängen Bananenmarionetten, eine Marilyn-Monroe-Bananenfigur, Bananenposter, Postkarten, Gemälde und Kalender. Die Warhol-Banane darf ebenso wenig fehlen wie Fotos von Josephine Baker im legendären Bananenkostüm. Mittendrin als Blickfang ein knallgelbes Bananensofa aus Plüsch. Zuerst stößt der Besucher auf die Food-Abteilung: Quark, Milch, Ketchup, Schokolade, Likör – natürlich alles angereichert mit köstlichem Bananenaroma. Die Form der Frucht hat schon immer zu erotischen Phantasien animiert. Zum Schutz der Jugend wurde die »schlüpfrige« Ecke des Museums, mit Dildos in Bananenform und Kondomen mit Bananengeschmack, in Augenhöhe der Erwachsenen angesiedelt. Kaum möglich, in

Museum mit »ae« – einer der vielen kuriosen Einfälle des Bernhard Stellmacher

dieser fröhlichen »Bananenrepublik« zu entscheiden, welches Exponat das originellste ist. Vielleicht die Bananenkrummbiegemaschine, die der Künstler Diethard Wolf entworfen hat? Oder der Bananomat, der nach Einwurf einer Banane ein Zwei-Mark-Stück (Ost) ausspuckt und damit die DDR-Mangelwirtschaft auf die Schippe nimmt? Für Stellmacher ist in jedem Fall »alles Banane«. Weshalb er der gelben Frucht verfallen ist? Ihre bestechend schlichte Schönheit hat es ihm angetan – das tropische Obst sei ganz einfach das »Lächeln der Natur«. Stellmacher vermutet sogar, die Banane sei die Frucht der Erkenntnis, denn in der Bibel ist nur von Frucht die Rede – nicht etwa vom Apfel. Sein Fazit: Alles hat ein Ende, nur die Banane hat zwei.

Eindeutig: Wenn Sie diesen Signalmast sehen, ist das Bananen-Museum nicht mehr weit

Öffnungszeiten: Sa und So 11 – 13 Uhr oder nach Voranmeldung
Eintrittspreise: Ew. 1,50 Euro, Ki. 1 Euro
Führungen: kostenlos
Anreise: A 1 Lübeck – Puttgarden, Ausfahrten Scharbeutz oder Eutin, hinter dem »Hansa-Park« liegt am Ortseingang von Sierksdorf die Prof.-Haas-Straße. Im Garten des Museums steht ein Signalmast der Bundesbahn mit einer Banane als Zeiger. Bahnstrecke Lübeck – Neustadt, 5 Min. vom Bahnhof Sierksdorf
Parken: 20 Stellplätze in 50 m Entfernung
Behindertengerecht: nein, jedoch Führungen für Blinde in Planung

Tipp: Bananen ohne Ende! Beim Spaziergang im angrenzenden Schulwald können Sie Meisennistkästen in Bananenform bewundern. Nach Süden führt die Schmidt-Rottluff-Allee direkt an den Ostseestrand.

Soltau (38)

Norddeutsches Spielzeug-Museum

Poststr. 7
29614 Soltau
Tel. 0 51 91/8 21 82
Fax. 0 51 91/8 21 81

Spielzeug aus vier Jahrhunderten, Puppen, Puppenstuben, Kaufmannsläden, Teddys, Blechspielzeug, Eisenbahnen, Modellautos, Miniaturschiffe, Bilderbücher, Bausteine

Wo Puppe Helene ein neues Zuhause fand

Um seinen Kindern die Angst vor dem nassen Element zu nehmen, konstruierte um 1885 herum ein französischer Vater eine Schwimmpuppe. Das züchtig bis unter die Knöchel bekleidete Puppenmädchen aus Balsaholz konnte er ins Wasser legen, wo es hektisch mit den Armen ruderte und eine Strecke von etwa drei Metern zurücklegte. Die kleine Wassernixe ist eines von unzähligen Spielzeugen, die Hannelore Ernst und Sohn Matthias in dreißig Jahren gesammelt haben. Vor allem auf Puppen, Puppenstuben und Kaufmannsläden hat sich Familie Ernst spezialisiert, so dass im Laufe der Zeit eine ganze Miniatur-Kleinstadt zusammenkam. Mit richtigen Läden wie einer prachtvollen Biedermeier-Konditorei, Mode-Boutiquen, einer Jugendstil-Metzgerei und einer Markthalle. Aus dem Hause Steiff stammen die Postkutsche mit originellen Filzpuppen, Zirkus- und Dorforchester und ein Klassenzimmer mit Lehrer und zwölf Schülern. Auf 600 Quadratmetern und drei Ebenen breiten sich die Spielzeug-Schätze in dem Soltauer Stadthaus aus. Natürlich blieb es nicht allein bei Puppen. Hüpfvögel, Rollkatzen und Propeller-Elefanten aus den 50-Jahren kennen noch viele der jährlich 40 000 Besucher, und auch an Blechkutschen, Dampfmaschinen, Wiking-Modellautos und Anker-Bausteine erinnert sich jeder noch gern. Spielzeugtieren ist eine eigene Abteilung gewidmet. Hier finden sich hundertjährige Teddybären, eine Arche Noah und ein umfangreicher Zirkus. Zwischendrin immer wieder faszinierende Puppenwelten wie der Hausierer mit Bauchladen, kuriose Drehgesichter-Puppen und das »kleinste beweglichen Püppchen der Welt« (18 mm lang). Ein Ereignis hat Hannelore Ernst zu Tränen gerührt. Vor einiger Zeit wurde ihr aus Murmansk ein Paket übersandt, das eine Babypuppe mit Biskuitporzellankopf enthielt. Es handelte sich um die Puppe »Helene«, die alle Wirren des Krieges mitgemacht hat, sogar die Leningrader Blockade in einer Truhe im Keller überstand. Sie wolle, dass dieses Familienerbstück wieder in gute Hände kommt, schrieb die Besitzerin aus Russland. Natürlich erhielt Helene ein neues Zuhause in Soltau, ihr wurde sogar ein neues rosafarbenes Baumwollkleid verpasst.

Große doppelspännige Blechkutsche, Württemberg, ca. 1880 (Foto: Wundschuh)

Öffnungszeiten: Ostern bis Okt. täglich 10 – 18 Uhr, Nov. bis vor Ostern täglich 14 – 17.30 Uhr, Gruppen nach Vereinbarung

Eintrittspreise: Ew. 3 Euro, Ki. unter 6 J. frei, Schüler, Auszubildende, Studenten 1,50 Euro, Schülergruppen 1 Euro

Führungen: kostenlos

Anreise: A 7 Hamburg – Hannover, Abfahrten Soltau-Ost oder -Süd, B 71/209 ins Stadtzentrum von Soltau

Parken: Parkplätze (gebührenpflichtig) in Poststraße, Mühlenstraße, Kirchstraße und am Rühberg

Behindertengerecht: nein

Tipp: Die Heidestadt Soltau bietet eine Reihe von Freizeitvergnügen. Nur wenige hundert Meter entfernt finden Sie das Sole-Erlebnisbad »Soltau Therme«. Dauerbrenner in der Gunst von Kindern und Jugendlichen ist aber der »Heide Park« (Freizeitpark mit zahlreichen Attraktionen) wenige Kilometer vor der Stadt.

Stade

(39)

Technik- und Verkehrs-Museum

Freiburger Str. 60
21682 Stade
Tel. 0 41 41/28 88
Fax 0 41 41/4 38 98

Oldtimer von Goggo bis Mercedes, alte Lokomotiven, Dampfwalzen und -maschinen, Feuerwehrgeräte und Löschfahrzeuge, alte Fahrräder und Roller, Druckerei, Schusterei, Sattlerei, Schmiede, Geschichte des Stader Flughafens

Wo Maschinen Dampf machen

Wer weiß, vielleicht wären sie irgendwann auf dem Schrott gelandet. Jedenfalls haben sie noch mal Glück gehabt – die Dampflok »Angelika« (Baujahr 1922), die kleine grüne Diesellok der Buxtehude-Harsefelder Eisenbahn (Baujahr 1916) und das rote Ford A Cabriolet mit dem »Schwiegermuttersitz« (Baujahr 1930). Denn sie haben in der großen Lagerhalle des Stader Technik- und Verkehrs-Museums eine letzte Bleibe gefunden, und hier sind die Mitglieder des Fördervereins nach Kräften bemüht, die Fahrzeuge zu pflegen und funktionstüchtig zu halten. Seit 1983 versucht der Verein, den durch Technik bewirkten Wandel in den Lebens- und Arbeitsverhältnissen der Menschen im Raum Stade zwischen 1850 und heute möglichst lückenlos zu dokumentieren. Rund 5000 Exponate wurden seitdem zusammengetragen. In der Halle und auf einem großen Freigelände sind sie zu besichtigen. Star der Ausstellung ist ein Dampflokomobil, eine Dampfmaschine auf Rädern, die in den 20er-Jahren des vergangenen Jahrhunderts landwirtschaftliches Gerät angetrieben hat. Einmal im Jahr rückt die kurio-

Diesellok der Buxtehude-Harsefelder Eisenbahn (1916)

se Maschine noch mal in den Mittelpunkt des Geschehens, nämlich dann, wenn das Museum im August seinen »Dampftag« feiert. Auch die dicke Straßendampfwalze aus den 20er-Jahren darf dann zeigen, was in ihr steckt. Aber nicht nur Fahrzeuge stellt das Museum aus, auch die Handwerksgeschichte der Umgebung wird dokumentiert. Mit viel Engagement wurden alte Werkzeuge und ausgediente Maschinen gesammelt, um so originalgetreu wie möglich eine Druckerwerkstatt, Schmiede, Sattlerei und Schusterei aufzubauen. Eine Kfz-Werkstatt ist in Planung. Die Geschichte des Stader Flughafens lässt sich im Museum ebenfalls verfolgen. Originellstes Ausstellungsstück in dieser Abteilung ist ein löchriges Schlauchboot mit Segel, das in einem abgestürzten Weltkriegsflieger gefunden wurde.

Das legendäre Ford A Cabriolet mit »Schwiegermuttersitz«

Öffnungszeiten: Di bis Fr 10 – 16 Uhr, Sa +So 10 – 18 Uhr. Von November bis Februar an Wochenenden geschlossen

Eintrittspreise: Ew. 2,50 Euro (Gruppen ab 10 Pers. 2 Euro). Ki. (bis 10 J.) –,50 Euro,
Jugendliche 1,25 Euro (Gruppen ab 10 Pers. 1 Euro)

Führungen: kostenlos

Anreise: B 73 Hamburg – Cuxhaven, die Freiburger Straße ist die nordwestliche Ausfallstraße Richtung Stadersand/Bützfleth; Bahnstrecke Hamburg – Cuxhaven; ab Hamburg-Landungsbrücken auch mit »Elbe-City-Jet« bis Anlegestelle Stadersand

Parken: 80 Stellplätze am Freigelände des Museums

Behindertengerecht: ja (zu 80 %)

Tipp: In Stade lohnt unbedingt ein Bummel durch die malerische Altstadt. Am Alten Hafen können Sie den 1705 erbauten Schwedenspeicher besichtigen. Gegenüber, Am Wasser Ost 28, lockt das kleine private Baumhaus-Museum mit mehr oder minder kuriosen Erinnerungsstücken aus der Geschichte Stades.

Stolpe

Eiszeit-Museum

(40)

Am Pfeifenkopf 9
24601 Stolpe
Tel. 0 43 26/98 08 07
Fax 0 43 26/9 86 11
www.eiszeit
museum.de

Mammutskelett, Knochen und Zähne von anderen Großtieren der Eiszeit, Findlinge, Fossilien, die ältesten Steine Schleswig-Holsteins, experimentelle Archäologie in der Eis- und Steinzeitwerkstatt

Warum Kinder Gletscher bewundern

Gerade mal 15 000 Jahre ist es her, nach Erdmaßstäben ein Wimpernschlag, dass sich von Skandinavien bis nach Schleswig-Holstein eine 1000 Meter dicke Eiskappe ausdehnte. Südlich der Gletscher – etwa auf der Höhe der heutigen Stadt Kassel – weideten auf baumarmen Steppen Mammuts und Rentiere, jagten Höhlenlöwe, Bär und Säbeltiger. Da sich nicht jedermann dieser eisigen Tatsachen bewusst ist, hat sich 1999 in Stolpe (bei Bad Segeberg) das Eiszeit-Museum gegründet. Kein Museum im üblichen Sinne. Besucher, vor allem Kinder, sollen im wahrsten Sinne »begreifen«, was sich in dieser eiskalten Vegetationsperiode abgespielt hat. Sie dürfen also einen Mammutknochen selbst in die Hand nehmen, im Sand nach Fossilien buddeln oder den Versuch unternehmen, schwere Steine in die Höhe zu stemmen. Bei 40 Kilogramm kommt nur noch Stöhnen über die Lippen – und Bewunderung für den Gletscher, der Findlinge vom fünftausendfachen Gewicht vor sich her schob. Einer dieser Felsen kommt selbst zu Wort. Er erzählt über Kopfhörer, was er auf seiner Reise von Skandinavien nach Schleswig-Holstein erlebt hat. Bildtafeln erläutern das entbehrungsreiche Leben der Steinzeitjäger, und an

Verbreitungsgebiet der jüngeren Eiszeit

Ein Original-Mammutskelett ist der ganze Stolz des Museums (Foto: Johannsen)

einer Feuerstelle sind die Werkzeuge unserer Urahnen ausgestellt. Für Kindergeburtstage und Gruppen bietet das Museum Sonderveranstaltungen. Dabei können kleine Gäste Feuersteine bearbeiten, Getreide mahlen und Feuer schlagen. Größere Kinder dürfen Fossilien herstellen und Bernstein schleifen. Achtung: 2003 zieht das Museum in neue Räume!

Öffnungszeiten: Sa und So 10 – 18 Uhr, werktags 9 – 17 Uhr, montags geschlossen

Eintrittspreise: Ew. 2,50 Euro, Ki. (4 bis 14 J.) 1,50 Euro, Familien 7,50 Euro, Schulklassen (ab 15 Pers.) 1,50 Euro

Führungen: Erwachsenengruppen 40 Euro für 75 Minuten, Kindergruppen 30 Euro für 60 Minuten (jeweils mit Anmeldung)

Anreise: an der B 404 zwischen Kiel und Bad Segeberg (bei Wankendorf), Bus 410 ab Kiel bzw. Bad Segeberg

Parken: ausreichend vor dem Museum

Behindertengerecht: ja. Behinderten-WC vorhanden

Tipp: Der Museumsbesuch lässt sich mit einem Bad im Stolper See verbinden (Badestelle 10 Minuten). Sehenswert sind auch bronzezeitliche Gräber am See und der Ökogarten der Firma »re natur« im Naturschutzgebiet Ruhwinkel.

Strasburg/Uckermark

41

Schmalfilm-Museum

Pfarrstr. 3
17335 Strasburg
Tel. 039 7 53/21 5 29
Fax 039 7 53/24 8 55
www.mescal.de/museum

Filmkameras, Projektoren, Schneidegeräte und ein umfangreiches Archiv von Amateurfilmen. Filmvorführungen nach Vereinbarung

Amateuraufnahmen vom DDR-Alltag

Weit über 100 Jahre ist es her, dass die Bilder laufen lernten. Die ersten bewegten Bilder rotierten in speziellen Vorführgeräten auf dem Jahrmarkt, danach fand die Erfindung der Gebrüder Lumière Eingang in abgedunkelte Räume, wo schmachtende Liebesszenen oder Verfolgungsjagden von der passenden Klaviermusik begleitet wurden – das Kino war geboren. Aber auch der sogenannte kleine Mann begann sich für das neue Medium zu interessieren, und als vor siebzig Jahren deutsche Hersteller zu erschwinglichen Preisen Schmalfilmkameras anboten, griff er zu. Die ersten Familienväter, Künstler, Forscher und Arbeiter konnten mit Enthusiasmus ihre Ideen auf Zelluloid bannen. Ausschließlich mit diesem privaten Bereich der Filmkunst beschäftigt sich das kleine Schmalfilm-Museum in Strasburg in der Uckermark. In den drei angemieteten Räumen werden 60 Kameras, Projektoren und Schneidegeräte ausgestellt – von der gängigen Super-8-Kamera bis zum 16-mm-Format der 70er-Jahre. Weit mehr allerdings ist der Museumsverein, das Mitschnitt Kollektiv Strasburg e. V., an den Produkten der Amateure interessiert – an Inhalt, Aussage und Ästhetik der Privatfilme. In den wenigen Jahren seit der Vereinsgründung konnte man schon ein beachtliches Filmarchiv aufbauen. Schwerpunkt der Sammeltätigkeit sind Filme, die in 40 Jahren DDR-Geschichte entstanden sind. Filmdokumente

von historischer Bedeutung, denn weil sie keiner Zensur unterlagen und der technische Aufwand gering war, sind es vor allem diese Super-8-Streifen, die den Alltag in der ehemaligen DDR realitätsnah widerspiegeln. Anliegen des Museums ist es außerdem, durch Filmveranstaltungen, Vorträge, Seminare und Gespräche mit Filmschaffenden eine Auseinandersetzung mit der Geschichte und der Gegenwart zu führen.

Öffnungszeiten: Das Museum ist nicht ständig besetzt, Öffnung nach Vereinbarung

Eintrittspreise: auf Spendenbasis

Führungen: Filmvorführungen nach Vereinbarung, Vorträge, Vorführungen und Sonderausstellungen sind auch an anderen Orten möglich (Kinozelt mit 70 Plätzen).

Anreise: Strasburg liegt zwischen Neubrandenburg und Pasewalk an der B 104. Ab Berlin auf B 109 über Prenzlau. Bahnstrecke Pasewalk – Güstrow. Busse ab Prenzlau, Neubrandenburg, Pasewalk.

Behindertengerecht: nein

Tipp: Einen Abstecher lohnt die 11 km entfernte Mühlenstadt Woldegk. Hier stehen mehrere Windmühlen aus verschiedenen Epochen.

Schmalfilmkameras und Projektoren aus dem Bestand des Museums

Südbrookmerland

(42)

Moor-Museum

Victorburer Moor 7 a
26624 Südbrookmerland
Ortsteil Moordorf
Tel. 0 49 42/27 34
Fax 0 49 42/53 46
www.Moormuseum-Moordorf.de

Die 200jährige Entwicklungsgeschichte einer ostfriesischen Moorkolonie: Lehmhütten, Torfstich, Buchweizenfeld, Schmiede, Kochhaus mit Ofen, Video-Show

Vom harten Leben der Torfstecher

Flaches Land, Felder und Wiesen, so weit das Auge reicht, gepflegte Häuser und farbenfrohe Blumengärten – so präsentiert sich die Gemeinde Moordorf in Ostfriesland heute. Das war nicht immer so. Noch bis in die 50er Jahre prägten armselige Lehmhütten die Moorlandschaft, fristeten Torfstecher und Besenbinder in einer Streusiedlung ihr kümmerliches Dasein. »Museum der Armut« wurde das Moor-Museum Moordorf deshalb auch genannt, als es 1984 eröffnet wurde. Von vielen freiwilligen Helfern war es in jahrelanger Arbeit aufgebaut worden. Neben der Teestube und einem Ausstellungsgebäude besteht es vor allem aus stilecht nachgebauten Lehmhäusern. Nacheinander entstanden ein Landarbeiterhaus, Kolonistenhaus, Plaggen- und Sodenhütten, eine kleine Schmiede und ein großer Schuppen. Torfstich und Trockenfeld wurden angelegt, um den harten Arbeitstag eines Moorarbeiters zu demonstrieren. Vor rund 200 Jahren, als die Besiedlung des Moores begann, mussten sich die Menschen mit einfachsten Mitteln Unterkünfte bauen. Aus einfachen Plaggen und Soden wurden die Wände geschichtet. Nachdem das erste Moorstück abgetorft war, stieß man unter dem Moorboden auf die ersehnten Lehmschichten und konnte stabilere Bauten errichten.

Kleine Lehmhütte mit Grasdach

Buchweizenfelder und ein kleiner Gemüsegarten hinter der Hütte dienten der Familie zur Selbstversorgung. Vom Ausstellungsgebäude führen kleine Wanderwege durch das 1,5 Hektar große Gelände zu den Lehmhütten, die auch von innen besichtigt werden können. In den Sommermonaten finden in diesem ungewöhnlichen Freilicht-Museum Aktionstage statt, an denen Interessierte sich in die Arbeitstechniken der Moorbewohner einführen lassen können, z. B. Torfstechen, Mattenflechten, Besenbinden, Lehmbau und Schmieden.

Reetgedeckte Lehmhütten – ehemals Unterkünfte der Moorbewohner (Fotos: Boutjer–Dobertin)

Öffnungszeiten: Frühlingsanfang bis 31. Oktober, Di bis So 10 – 18 Uhr, Oster- und Pfingstmontag geöffnet

Eintrittspreise: Ew. 2,50 Euro, Ki. (ab 6 J.) 1,50 Euro, Gruppen (ab 15 Pers.) Ew. 1,50, Ki. 1 Euro

Führungen: nur nach Voranmeldung; Kosten 15 Euro

Anreise: Moordorf liegt an der B 72 ca. 5 km westlich von Aurich, im Dorf den braunen Hinweisschildern folgen

Parken: genügend Stellplätze am Museum

Behindertengerecht: ja

Tipp: In der Mühle Wiegboldsbur, 5 km entfernt, wird zu bestimmten Terminen Brot gebacken und in der Mühlenschmiede gearbeitet. Auch in die alte Handwerkskunst des Müllers können Sie sich einweisen lassen (Infos: Tel. 0 49 42/44 71 oder 0 49 42/56 66).

Tetenbüll

43

Haus Peters

Dörpstraat 16
25882 Tetenbüll
Tel. 0 48 62/681
Fax 0 48 62/10 30 28
www.schleswig-holstein.de/museen/reg_hei/haus_peters.html

Alter Dorfladen aus dem Jahre 1820, Galerie mit wechselnden Ausstellungen, Horst-Janssen-Zimmer

Einkaufen wie zu Storms Zeiten

Gut möglich, dass sich auch Theodor Storm (1817 – 1888) hier schon mit dem Nötigsten eingedeckt hat: »Haus Peters« im Dorfkern von Tetenbüll ist der älteste vollständig erhaltene Kaufmannsladen in Schleswig-Holstein, und Husum, der Wohnort des Schimmelreiter-Dichters, liegt nur wenige Kilometer entfernt. Ein Tante-Emma-Laden, wie er im Buche steht: Der schwere Verkaufstresen aus Eichenholz, Vitrinen und Regalwand mit vierzig unterschiedlich großen Schubladen stammen aus dem Jahr 1820. Darin lagerten all die Lebensmittel, Kurz- und Kolonialwaren, die jeder Dorfhöker zur Biedermeierzeit im Sortiment haben musste. Gut einhundert Jahre wurde in dem Laden gehandelt und verkauft. In unseren Tagen ist Kunstgewerbliches hinzugekommen, denn beim »Haus Peters« handelt es ich um eine Mischung aus Museum, Galerie und Ladenbetrieb. Beim Einkaufsbummel wie zu Storms Zeiten können Sie Kerzen, Tee, Gewürze, Glas, Keramik, Grafiken und Bücher erwerben. Unbedingt einen Blick in die Giebelstube im ersten Stock werfen: Hier hängen 35 Original-Radierungen von Horst Janssen aus der »Eiderlandmappe«. Der verstorbene Künstler liebte das platte Land und hatte sich im nahen Witzwort einen Haubarg, das typische hochgezogene Bauernhaus der

Haus Peters – heute eine Mischung aus Museum, Galerie und Kunstgewerbeladen

Halbinsel Eiderstedt, als Zweitwohnsitz zugelegt. Die übrigen Räumlichkeiten des 1780 errichteten »Haus Peters« werden für wechselnde Ausstellungen genutzt. Die Gemeinde Tetenbüll hat das Gebäude 1988 von den Erben der Familie Peters erworben und unter denkmalgeschützten Aspekten sorgfältig restauriert. Seit November 1991 nutzt ein Förderverein das Haus und hat es zu einem lebendigen, kulturellen Mittelpunkt des Dorfes werden lassen. Hinzugekommen ist ein bunter Bauerngarten mit Stauden und Sommerblumen, wie sie für die Küste typisch sind.

Öffnungszeiten: Di bis So 14 – 18 Uhr

Eintrittspreise: frei, Gruppen nach Vereinbarung

Führungen: 1,50 Euro p. P. (nach Voranmeldung)

Anreise: ab Hamburg A 23, ab Heide B 5, Abfahrt Tönning – St. Peter-Ording auf die B 202, in Katharinenheerd rechts nach Tetenbüll; mit dem Bus ab Husum Richtung Garding

Parken: Stellplätze im Dorfzentrum und am Museumsladen

Behindertengerecht: Kaufladen ebenerdig, Treppe zum Horst-Janssen-Zimmer

Verkaufstresen und Regalwand stammen aus dem Jahre 1820 (Foto: Dahl)

Tipp: Gegenüber lockt der »Kirchspielkrug Tetenbüll« mit deftigen Eiderstedter Spezialitäten: Weinsuppe und Schinken, Saure Rolle, Steaks vom Mastochsen und Mehlbeutel mit Kirschsauce und Kasslerbauch (Tel. 0 48 62/80 96).

Varel

(44)

Spijöök – Museum für Mythen und Seemannslegenden

Geestweg 1
26316 Varel
Tel. 0 44 51/44 88
Fax 0 44 51/95 97 68
www.
menschenmuell.de

Ein Sammelsurium von Kuriositäten: russisches Atomtauchboot, Tang-Stelle, Hochsee-Aschenbecher, Hockergrab, Schnöselkäfer, Ritterrüstung, Tauchanzug

Das Ei des Kolumbus

Was ist Wahrheit, was ist Legende? Stimmt es, dass Vareler Seeleute getrockneten Seetang als Brennstoff für ihre Bootsmotoren benutzen? Lässt sich aus vergorenem Möwendung wirklich Hochprozentiges herstellen? Wer's nicht glauben will – das »Spijöök« belehrt ihn eines Besseren! In dem kleinen Museum im Vareler Hafen kann er sowohl eine »Tang-Stelle« für Benzinersatz als auch eine Buddel »Guanoköm« in Augenschein nehmen. Zu den zahlreichen Exponaten gehören auch »das erste Buddelschiff der Welt« in einer Tonamphore (ca. 1000 v. Chr.), das »linke Ei des Kolumbus« und der vom Aussterben bedrohte »Schnöselkäfer«, der vergangenes Jahr auf einer Südfrankreich-Expedition ins Netz ging. Das seltene Insekt haust im Sand eines eigens für ihn gebauten Terrariums und bläst als Beweis für seine Existenz Sandkörner in die Luft. Der Spaß beginnt schon vor dem Museum. Hier wurde das russische Atomtauchboot »Schutka« aufgebockt, das im Rahmen eines Kompensationsgeschäftes auf dem U-Boot-Flohmarkt in Wladiwostok gegen einen gebrauchten VW-Golf II und zwei Flaschen Wodka eingetauscht wurde. In den Museumsräumen lernen Besucher dann, dass der friesische Volkssport »Boßeln« von den Dänen erfunden wurde. Eine List der dortigen Militärbehörden: Auf diese Weise konnten höchst effektiv Kanonenku-

Navigationsinstrumente vom Kompass bis zum Globus

Das russische Atomtauchboot »Schutka«

geln zur ehemaligen dänischen Christiansburg in Varel transportiert werden. Da fehlt dann nur noch die »Schulterklopfmaschine«, die nach Informationen des Museumsteams (Aktionskünstler der Gruppen »Menschenmüll« und »Kunstdünger e. V.«) von Kommunalpolitikern entwickelt wurde. Eines ist sicher: Den Besucher erwarten Döntjes über Döntjes, denn nicht ohne Grund lagert in dem Museum eine ganze Kabelrolle voller Seemannsgarn.

Öffnungszeiten: Mitte Mai bis Mitte September, Sa + So 15 – 17 Uhr

Eintrittspreise: Ew.: 2 Euro, Ki.: 1 Euro

Führungen: obligatorische Führung im Preis inklusive, Gruppenführung nach telefonischer Vereinbarung

Anreise: A 29 Oldenburg – Wilhelmshaven, Ausfahrt Varel-Dangast. Das Museum liegt östlich der Stadt am Vareler Hafen.

Parken: 50 Stellplätze vor dem Museum

Behindertengerecht: ja

Tipp: Dies ist kein Seemannsgarn! Gleich gegenüber finden Sie »Open Prüfstand«, die kleinste Kneipe der Welt, die nur aus drei Barhockern und einem Tresen besteht.

Verden (Aller)

(45)

Deutsches Pferde-Museum

Holzmarkt 9
27283 Verden (Aller)
Tel. 0 42 31/80 71 40
Fax 0 42 31/80 71 60
www.dpm-verden.de

Rassen, Skelette, Prunkgeschirre, historische Sättel, Rüstungen, Gemälde, Karusselpferde, Handwerk, Turniergeschichte, Filmdokumente, Simulatoren

60 Millionen Jahre Pferdegeschichte

Das Glück der Erde liegt auf dem Rücken der Pferde. Nirgendwo weiß man das besser als in Verden, jener Stadt, die eine Reihe bekannter Turnierreiter hervorgebracht hat und in der ersten Hälfte des 20. Jahrhunderts bedeutende Großturniere ausrichtete. Schon in den 20er Jahren entstand hier die Idee für ein Pferde-Museum und wurde im alten Kommandeurshaus von 1769 realisiert. Im Jahr 2000 zog das Museum in die 1831 fertig gestellte Kavalleriekaserne am Holzmarkt – unmittelbar neben dem Bahnhof Verden.

In den ehemaligen Pferdeställen und Mannschaftsräumen kann sich die Ausstellung nun wesentlich großzügiger präsentieren als unter den beengten Verhältnissen vorher. Die Bandbreite der Exponate reicht nun vom katzengroßen Urpferdchenskelett (60 Millionen Jahre alt) bis zum Reitfrack von Josef Neckermann, dem bekannten Dressurreiter. Viele Dinge erfreuen dank ihrer Ästhetik nicht nur Pferde-Fans: Farbfreudige Sättel mit bemalten Intarsien sind zu sehen, Galageschirre aus dem Königshaus Hannover, Karussellpferde, die vor über hundert Jahren ihre Runden drehten, Spielzeug-Zirkusreiterinnen, Pferderüstungen für Ritterturniere und Trophäen aus Silber und Bronze. Spitzenstück der Sammlung ist ein lebensgroßes Gemälde des Pferdemalers Franz Krüger (1797 – 1857), das König Ernst August von Hannover bei einer Militärparade zeigt. Auch an Tempelhüter, den berühmten Trakehner-Zuchthengst, wird erinnert. Ein lebensgroßes Bronzedenkmal des Vierbeiners ziert den Eingang des Gebäudes. Seit dem

Postillons oder Fuhrmannssattel aus der Zeit um 1820

Die ehemalige Kavalleriekaserne beherbergt jetzt das Deutsche Pferdemuseum

Umzug ist es ein Museum zum Mitmachen geworden. Mittels eines Modells mit Spiegeloptik können Sie die Umgebung gewissermaßen mit Pferdeaugen betrachten. Simulatoren entführen auf einen Ausritt über die Verdener Rennbahn oder lassen Sie in die Rolle eines Kutschers schlüpfen. Und in der Abteilung historische Damensättel gibt es ein Funktionsmodell, womit sich das Reiten im Seitsitz ausprobieren lässt.

Öffnungszeiten: Di bis So 10 – 17 Uhr
Eintrittspreise: Ew. 3 Euro, Ki. (5 bis 18 J.) 1,50 Euro, Gruppen (ab 11 Pers.) 2 Euro pro Person, Schulklassen 1 Euro pro Person
Führungen: nach Voranmeldung, Kosten: 25 Euro
Anreise: A 27 Walsrode – Bremen, Ausfahrten Verden- Ost und Nord. Das Museum liegt im Zentrum unmittelbar am Bahnhof; Bahnstrecke Hannover – Bremen (IR-, RE-, RB-Station).
Parken: werktags Parkhaus P 8, am Wochenende Stellplätze am Holzmarkt und am Bahnhof
Behindertengerecht: ja

Tipp: Besichtigen Sie auch die Altstadt mit dem dreischiffigen gotischen Dom. Nördlich der Innenstadt liegt der Sachsenhain, wo Karl der Große angeblich 4500 Sachsen hinrichten ließ. Ein Rundweg mit Findlingsblöcken erinnert an das Massaker. In der Sommersaison lohnt auch ein Besuch des Märchen – und Freizeitparks Verden.

Vollbüttel

Kino-Museum

(46)

Raiffeisenstr. 11
38551 Vollbüttel
Tel. 0 53 73/12 38
www.kinouseum.de

Filmprojektoren, Filmkameras, Projektionslampen, Schneidetische, Schießkinoprojektor, Filmrollen, Fotos, Bibliothek

Die Geschichte der bewegten Bilder

Von den Großeltern bis zu den Enkeln – jeder war vermutlich schon mal im Kino. Die wenigsten aber wissen, welcher technische Aufwand nötig ist, um die Bilder auf der Leinwand zum Laufen zu bringen. Das kleine Kino-Museum in Vollbüttel (Kreis Gifhorn) blickt hinter die Kulissen, es zeigt die Geräte, die dem Kinobesucher normalerweise verborgen bleiben. Da stehen zum Beispiel zwei Meter hohe Filmprojektoren mit großen Lampenhäusern, Gleichrichter für die starken Projektionslampen, Röhrenverstärker, Leinwände und überdimensionale Lautsprecherboxen. Sogar für das sanfte Ein- und Ausblenden des Saallichtes gibt es eine spezielle Maschine. Ältestes Stück der kinomatographischen Sammlung ist ein Filmprojektor Marke »Ernemann Imperator« (Baujahr 1914), für dessen Erwerb Museumleiter Peter Schade-Didschies dänisch lernen musste, weil der Verkäufer nicht bereit war, auf Deutsch zu verhandeln. Ähnlich abenteuerlich gelangte auch ein »Schießkinoprojektor«, ein Trainingsgerät der Bundeswehr aus den 60er-Jahren, in den Besitz des Museums. Der Trägerverein erhielt einen Anruf vom Wehrbereichskommando Hannover: »Sofort abholen, sonst landet das Gerät auf dem Müll«. Natürlich sprangen einige Mitglieder sofort ins Auto, um dem kuriosen Automaten, der Flugzeugumrisse in einen Kuppeldom projiziert, auf die die

In einem ehemaligen Genossenschaftsgebäude fand das Kinomuseum eine Bleibe

Soldaten dann mit optischen Zielgeäten schießen konnten, das Schicksal der Verschrottung zu ersparen. Auch die Geschichte der bewegten Bilder wird im Museum dargestellt, so ist u. a. eine »Wundertrommel« zu sehen, die durch Drehen eingelegte Phasenbildreihen scheinbar zum Leben erweckt. Letzte Neuerwerbung ist der Nachlass des Stummfilmstars Clara Nelsen. Die Briefe, Aufzeichnungen und Fotos der ersten Sissi-Darstellerin des deutschen Films sollen ausgewertet werden, um sie der Öffentlichkeit zugänglich zu machen. Einmal pro Jahr findet ein großes »Freiluftkino« mit alten Filmen statt.

Museumsleiter Peter Schade-Didschies mit einem Schießkinoprojektor (Foto: Lindemann-Knorr)

Öffnungszeiten: Sa und So 14 – 18 Uhr, feiertags geschlossen, Winterpause von Dezember bis Februar

Eintrittspreise: frei

Führungen: nach Voranmeldung auch außerhalb der Öffnungszeiten, 4 Euro pro Person (ab 10 Personen)

Anreise: B 4 Gifhorn – Braunschweig, Landstraße nach Leiferde, nach links nach Vollbüttel

Parken: 20 Stellplätze vor dem Museum

Behindertengerecht: nein

Tipp: Erfrischen können Sie sich im gemütlichen Kintopp-Café, das im Stil der 50er-Jahre eingerichtet wurde. Wenige Kilometer entfernt finden Sie eine Aufzuchtstation für Störche.

Warder (am Brahmsee) ㊼

Freilichtmuseum
Haustier-Schutzpark

Langwedeler Str. 11
24646 Warder
Tel. 0 43 29/12 80
Fax 0 43 29/10 77
www.Tierpark-Warder.de

Alte Nutztierrassen aus ganz Europa, Streichelhof, Tierschauhaus, nostalgischer Bauernhof, Hühnerhof, Streuobstwiese, Bauerngarten, Sonderveranstaltungen wie z. B. Schafschur, Erntefest, Kräutermarkt, Adventsbasar

Arche Noah für Schafe, Ziegen, Schweine

Giraffen, Nashörner und Löwen kann man heute in vielen Zoos bewundern. Aber kennen Sie auch Angler Sattelschwein, Walliser Schwarzhalsziege, Zackelschaf, ungarisches Steppenrind, Moorschnucke, Westerwälder Kuhhund, Zwergesel und Lockengans? Alles alte Haustierrassen, die gleichermaßen vom Aussterben bedroht sind wie der sibirische Tiger, Hyänenhund und Pandabär. Eine »Rote Liste der Nutztierrassen« weist 89 Tierarten aus, darunter 75 deutsche Rassen. Mit jeder ausgestorbenen Haustierart verschwindet auch wertvolles Erbgut unwiederbringlich von unserem Planeten. Denn die alten Rassen weisen in der Regel bessere Eigenschaften auf als die heutigen modernen Hochleistungsrassen für die Massenproduktion – sie sind genügsamer und anpassungsfähiger, langlebiger und widerstandsfähiger gegen Krankheiten. Um Nutztierrassen und deren Erbgut vor dem Untergang zu retten, hat der Biologe Dr. Jürgen Güntherschulze 1989 am Brahmsee in Schleswig-Holstein einen Schutz-

Streichelhof mit »glücklichen« Hühnern

park für Haustiere geschaffen. Auf 40 Hektar Weideland fühlen sie sich im wahrsten Sinne des Wortes sauwohl, die hier lebenden bedrohten 1500 Nutztiere aus aller Welt. Zum pädagogischen Konzept dieser modernen Arche Noah gehört auch, dass Menschen mit den Tieren Verbindung aufnehmen können. Füttern (mit Spezialfutter) und Streicheln ist ausdrücklich erlaubt. Auch den Tieren werden größtmögliche Freiheiten eingeräumt. Vorwitzige Ferkel dürfen ihr Gatter verlassen und im Gelände herumtollen. Besucher können sich auch über artgerechte Tierhaltung informieren. Zu diesem Zweck gibt es einen nostalgischen Hühnerhof, einen Bauernhof mit »aktiven« Misthaufen, Schlechtwetter-Schauhaus, Lehrpfade und Sonderausstellungen. Trotz seines hohen Anspruchs begreift sich dieses »lebendige Museum« als Familienpark und bietet auch Spielgeräte, Ponyreitbahn und Kutschfahrten.

Hochlandrinder aus Schottland (Fotos: Güntherschulze)

Öffnungszeiten: März bis Okt. täglich 9 – 18 Uhr, Nov. bis Febr. täglich 9 – 17 Uhr
Eintrittspreise: Ew.: 4,50 Euro, Ki.: 2,50 Euro, Familienkarte 12,50 Euro, Rentner/Studenten 3,80 Euro, Behinderte 3 Euro, Gruppen (ab 20 Pers.) Ew. 3 Euro, Ki. 2 Euro
Führungen: 35 Euro
Anreise: A 7 Hamburg – Flensburg, Ausfahrt Warder, A 215 Hamburg – Kiel, Ausfahrt Blumenthal
Parken: Stellplätze vor dem Schutzpark-Eingang
Behindertengerecht: ja

Angler Sattelschweine

Tipp: Ferien im Haustier-Museum. Mitten im landschaftlich schön gelegenen Park können Sie eine Ferienwohnung mieten und jederzeit am täglichen Leben und Ablauf des Tierparks teilhaben. Kinder dürfen auf Wunsch bei der Tierpflege mithelfen (Infos: Tel. 0 43 29/12 80).

Wedel bei Hamburg

48

Buddelschiff-Museum

Schulauer Fährhaus
22880 Wedel
Tel. 04103/92 00–16

200 Buddelschiffe in unterschiedlichen Größen, dazu 1000 Muscheln, Schnecken und Korallen aus allen Weltmeeren

Wie das Schiff in die Flasche kommt

Draußen tuckern Containerschiffe auf der Elbe vorbei. Fernweh macht sich bei allen »Sehleuten« auf der Uferpromenade am Schulauer Fährhaus breit, und manch einer schaut den Ozeanriesen sehnsüchtig nach. Seit 1952 werden an dieser Stelle alle ein- und auslaufenden Schiffe über 500 BRT mit ihrer Nationalhymne begrüßt und verabschiedet. Wo wäre ein Buddelschiff-Museum besser aufgehoben als hier an der Elbe, am Willkomm-Höft, der weltbekannten Schiffsbegrüßungsanlage in Wedel? Und so sind es auch nur sieben Treppenstufen hinunter in das maritime Reich von Jochen Binikowski und Uwe Behnke. Auf 85 Quadratmetern haben die beiden Sammler rund 200 Buddelschiffe aus aller Welt zusammengetragen, große und kleine, alt und neu bunt vermischt. Lord Nelsons Flaggschiff »Victory« in einer Riesenflasche ist genauso darunter wie ein winziger Hafenschlepper in einer Glühbirne, die Viermast-Bark »Pommern« in einer 0,7l-Flasche ist zu bewundern und auch eine ganze Flotte aus vier Windjammern in einer 15-Liter-Flasche. Viele der ausgestellten Kunstwerke hat Jochen Binikowski (»Buddel-Bini«, wie seine Freunde ihn nennen) selbst geschaffen. Deshalb kann der Museumsleiter auch am besten die häufig gestellte Frage beantworten: »Wie kommt das Schiff in die Flasche?« Und ist er mal nicht anwesend – in einer Vitrine wird der Werdegang eines Buddelschiffes in allen Phasen dargestellt, vom Zusammenbau der filigranen Einzelelemente bis zum

Vier Schiffe in einer 15-Liter-Flasche

Viermast-Bark »Pommern« in einer 0,7-Liter-Flasche

Schulauer Fährhaus bei Hamburg: Verabschiedung der »Vista Fjord« (Foto: Hinz)

Aufrichten der Takelage im Innern der Buddel. Wer sich außerdem für Naturwunder des Meeres interessiert: In dem kleinen Museumskeller in Wedel sind auch 1000 Muscheln, Schnecken und Korallen ausgestellt.

Öffnungszeiten: März bis Oktober täglich 10 – 18 Uhr, November bis Februar Mi, Sa u. So 10 – 18 Uhr

Eintrittspreise: Ew. 1,30 Euro, Ki. (bis 14 J.) 80 Cent, je ein Kind in Begleitung eines Erwachsenen frei, Schulklassen 30 Cent pro Schüler , ermäßigt (mit Ausweis) 80 Cent

Führungen: nein

Anreise: Wedel liegt an der Elbe am westlichen Stadtrand von Hamburg. Im Ort den Schildern »Willkommhöft« oder »Elbe-Freizeitpark« folgen. Mit der Hamburger S-Bahn bis Station Wedel, weiter mit Bus 189. Im Sommer auch per Elbschiff ab St. Pauli-Landungsbrücken (Fahrzeit 60 – 75 Minuten)

Parken: ca. 75 Stellplätze am »Schulauer Fährhaus«

Behindertengerecht: 7 Stufen in den Museumskeller. Rampen für Rollstuhlfahrer möglich.

Tipp: Das »Schulauer Fährhaus« ist auch für seine gute Küche bekannt. Zu empfehlen sind vor allem Fisch-Spezialitäten. Bei schönem Wetter können Sie auch vom Kaffeegarten aus den Schiffsverkehr auf der Elbe beobachten.

Wietze

Deutsches Erdöl-Museum

(49)

Schwarzer Weg 7 – 9
29323 Wietze
Tel. 0 51 46/9 23 40
Fax 0 51 46/9 23 42
www.kulturserver.de/home/demw

20 000 Quadratmeter großer Ausschnitt des Erdölfeldes Wietze. Genietetes Eisenrohr der ältesten Bohrung aus den Jahren 1858/59, ein 54 m hoher Bohrturm, nachgebaute Untertage-Förderung, Ausstellungen

Ölrausch in der Heide

Heute hat man sich daran gewöhnt, dass Erdöl im wesentlichen in arabischen Ländern gefördert wird. Dass es auch in Deutschland lohnende Ölvorkommen gab, daran erinnert sich kaum noch jemand. Eines dieser Erdölfelder lag im Heidedorf Wietze 18 Kilometer westlich von Celle. Das »schwarze Gold« war hier schon vor Jahrhunderten an die Erdoberfläche getreten. Die Bauern der Umgebung bedienten sich aus mehreren Teerkuhlen, verwendeten das »Satanspech« als Heilmittel für Mensch und Vieh oder als Schmiermittel für Wagenräder. 1858 wurde an einer dieser Teerkuhlen die erste Bohrung niedergebracht, aber erst 1899 wurden in knapp 300 Metern Tiefe ergiebige Ölvorkommen entdeckt. Bereits ein Jahr später war die Förderung von 2500 Tonnen auf 27 000 Tonnen angewachsen – der Ölrausch in der Heide begann. Fünf Jahre später konkurrierten bereits 32 Gesellschaften auf dem Olfeld Wietze miteinander. Ab 1920 wurden schließlich auch die Erdölsande der Umgebung ausgebeutet. Zu diesem Zweck wurden rund 81 Kilometer Strecken in 180 bis 340 m Tiefe ins Erdreich getrieben, aus denen rund 750 000 Tonnen Sickeröl gefördert wurden. Erst 1963 wurde diese veraltete Form der Erdölförderung eingestellt. Nach Aufräumung des

Weithin sichtbar – ein 54 Meter hoher Bohrturm

Ölfeldes, das einmal 300 Hektar in Anspruch genommen hatte, blieb das jetzige Freigelände als Museum erhalten, um an den großen Ölrausch von Wietze zu erinnern. Zu sehen sind Förder- und Bohreinrichtungen aus der Zeit um 1900 bis heute. Eine nachgebaute Strecke zeigt Methoden der Ölgewinnung unter Tage. Eine Ausstellung bringt auf unterhaltsame Weise den Rohstoff Erdöl näher, seine Gewinnung und seine vielfältigen Verwendungen vom Aspirin bis zur Zahnbürste. Liebling aller kleinen Besucher ist übrigens die Lokomotive »Dicke Berta«, Baujahr 1955, die im Erdölfeld Rühlermoor im Emsland im Einsatz war. Ihren Namen erhielt sie, weil sie bei »Kraftproben« mit anderen Loks stets als Siegerin hervorging.

Gasantrieb und Förderanlagen, die das Öl an die Oberfläche pumpen

Öffnungszeiten: 1. März bis 30. Nov. Di bis So 10 – 17 Uhr, Juni, Juli, Aug. Di bis So 10 – 18 Uhr

Eintrittspreise: Ew. 4 Euro, Ki. (ab 6 J.) 2,50 Euro, Gruppen (ab 6 Pers.) 3 Euro, ermäßigt 2,50 Euro, Familienkarte (2 Ew. mit bis zu 4 Ki.) 8 Euro

Führungen: Im Museum werden die unterschiedlichsten Führungen, Themen-Wanderungen, Radwanderungen, Dia- und Abendvorträge angeboten (Auskünfte Tel. 0 51 46/9 23 40).

Anreise: A 7 Hamburg – Hannover, Abfahrt Schwarmstedt; ab Bahnhof Celle mit Linienbussen nach Wietze

Parken: 22 Stellplätze für Pkw, 3 für Busse

Behindertengerecht: ja

Tipp: Im Erholungsort Wietze werden Kutschfahrten und Dampferfahrten auf der Aller mit der »Wappen von Celle« angeboten. Zu empfehlen sind die Restaurants »Heidjer Stube« und »Hotel Steinförde«.

Wismar

Knopf-Museum

(50)

Weberstr. 10 – 12
(Hotel »Reingard«)
23966 Wismar
Tel. 0 38 41/28 49 72
www.reingard.de

Rund eine halbe Million Knöpfe aus Perlmutt, Holz, Metall, Porzellan, Stoff, Kristall, Leder und anderen Materialien, Art-Deco-Schließen

Kaffee gegen Knöpfe

Knöpfe haben für die meisten von uns eine untergeordnete Bedeutung. Solange noch alle dran sind am Hemd oder am Mantel, nimmt man sie kaum wahr. Erst wenn einer fehlt, fangen sie an, wichtig zu werden. Nicht so bei Reingard Berger. Für die Inhaberin des Hotels »Reingard« in der Wismarer Altstadt waren Kleinigkeiten immer wichtig, und vor allem Knöpfe haben es ihr angetan. Für sie ist ein Knopf nämlich kein lebloses Ding, sondern er erzählt Geschichte: Er macht künstlerische Strömungen deutlich, steht in Beziehung zur Mode, zum Lebensstil, zum sozialen Status, sogar zur Architektur. Die Folge ihrer besonderen Liebe zu Knöpfen: Rund eine halbe Million hat die geborene Berlinerin zusammengetragen – in nur fünf Jahren! Zu Hunderten lagern sie in Körben, Pralinen- und Zigarrenkisten, in Glasbehältern, Kartons und ausrangierten Arztbehältnissen. Grundstock der einmaligen Sammlung war der Nähkasten der geliebten Oma, den sie geerbt hatte. Um an immer neue Knöpfe zu gelangen, ist Reingard Berger äußerst erfindungsreich. Mal verkaufte sie in ihrem Hotel-Restaurant Kaffee und Kuchen gegen eine Mark plus fünf Knöpfe, mal errichtete sie einen Stand auf dem Wismarer Spittelmarkt, um auch hier Kaffee gegen Knöpfe einzutauschen.Unter den Kleidungsanhängseln, die ihr angeboten werden, finden sich immer mal wieder Raritäten. Über die kann

Rund eine halbe Million Knöpfe füllen Kartons und Schubladen

Reingard Berger stundenlang erzählen. Zum Beispiel über die kostbaren Porzellanknöpfe aus dem 18. Jahrhundert, von liebevoll gehäkelten Knöpfen, die die Spitzenbluse der Urургroßmutter zierten oder den angemalten Uniformknöpfen aus dem 2. Weltkrieg, die man mangels anderer Knöpfe an die Kinderkleidung nähte. Wenn Sie mal einen Blick auf diese modischen Kostbarkeiten werfen wollen – Frau Berger freut sich über jeden Besuch.

Reingard Berger mit einer Kollektion Art-Deco-Schließen

Öffnungszeiten: täglich 10 – 18 Uhr, Anmeldung im Hotel »Reingard«
Eintrittspreise: Ew. 1,50 Euro, Ki. (6 bis 12 J.) –,50 Euro, Gruppen (ab 10 Pers.) 1 Euro
Führungen: nach telefonischer Absprache
Anreise: A 20, Abfahrt Wismar-Mitte, B 106, B 105 Rostocker Straße, nach rechts in die Dr.-Leber-Straße, Bauhofstraße, nach links in die Weberstraße
Parken: 20 Stellplätze am Hotel »Reingard«
Behindertengerecht: nein

Tipp: Bei Reingard Berger können Sie auch das für die Weberstraße einst typische Handweben erlernen. Auch andere alte Handarbeitstechniken wie das Klöppeln, Schiffchenarbeiten, die Weißgarnstickerei, die Kreuzstickerei, das Patchwork, Quilten und vieles mehr. Kurse ein bis vier Tage, Anmeldung Tel. 0 38 41/28 49 72.

Diese Museen in Norddeutschland lohnen ebenfalls einen Besuch:

37539 Bad Grund
Uhren-Museum
Elisabethstr. 14
Tel. 0 53 27/10 20
Über 1700 funktionsfähige Uhren, von der kleinsten Taschenuhr bis zur tonnenschweren Kirchturmuhr. Komplett eingerichtete Uhrmacherwerkstatt von 1900

24861 Bergenhusen
Storchen-Museum und Naturschutzzentrum
Goosstroot 1
Tel. 0 48 85/5 70
Weißstorchschutz und -forschung im einzigen Storchendorf Schleswig-Holsteins. Während der sechsmonatigen "Storchensaison" (1. April bis 30 September) Naturschutzsausstellung mit Führungen

31675 Bückeburg
Hubschrauber-Museum
Sablé-Platz
Tel. 0 57 22/55 33
www.hubschraubermuseum.de
In einer 2000 Quadratmeter großen Halle sind 40 Hubschrauber aus Ost und West im Original zu sehen. Ergänzt durch Bilder und Modelle geben sie einen umfassenden Überblick über die Entwicklung des Vertikalfluges

24782 Büdelsdorf
Eisen-Kunstguss-Museum
Glück-auf-Allee 4
Tel. 0 43 31/38 7 11
Filigrane Schmuckstücke, Ofen- und Kaminplatten, eiserne Geldkisten, Töpfe, Büsten und Schreibtischgarnituren aus vier Jahrhunderten

25761 Büsum
Museum am Meer
Fischereihafen 19
Tel. 0 48 34/96 06 38
www.museum-am-meer.de
Kutter, Badeleben, Krabbensortiermaschinen, Fremdenzimmer aus den 60er-Jahren. Zu einer Dia-Show "100 Jahre Wattwandern" ertönt ein Marsch der Kurkapelle

24960 Glücksburg/Ostsee
artefact – Powerpark
Bremsbergallee 35
Tel. 0 46 31/61 16 - 0
www.artefact.de
Deutschlands erster Energie-Erlebnispark mit zahlreichen Experimenten zum Mitmachen

20457 Hamburg
Miniatur-Wunderland Hamburg
Kehrwieder 2, Block D
Die größte Modelleisenbahn der Welt

20557 Hamburg
Dialog im Dunkeln
Alter Wandrahm 4
Tel. 07 00/33 44 20 00
Was fühlt ein Blinder – Ausstellung zur Entdeckung des Unsichtbaren

20557 Hamburg
Deutsches Zoll-Museum
Alter Wandrahm 16
Tel. 0 40/33 97 63 86
Rund 2000 Ausstellungstücke: Schmuggelverstecke, beschlagnahmtes Schmuggelgut, römische Zollquittungen, historische Waagen und Zolluniformen

21109 Hamburg
Museum der Elbinsel Wilhelmsburg
Kirchdorfer Str. 163
Tel. 0 40/754 37 32
Ein Streifzug durch 600 Jahre Geschichte des Hamburger Stadtteils: Gewölbekeller, Burggraben, Prachtschlitten, Bauernstube, Waschküche, Trachten, Schiffbau, Eindeichung

22767 Hamburg
Erotic Art Museum
Nobistor 10 a
Tel. 0 40/31 78 41 26
Erotische Kunst aus sechs Jahrhunderten: Plastiken, Figuren, Fotos, Grafiken, Gemälde, Literatur

20354 Hamburg
Museum für Kommunikation
Gorch-Fock-Wall 1
Tel. 0 40/35 76 36 – 0
Kommunikation – gestern, heute, morgen. Schwerpunkte der Sammlung sind Wattenpost, Schiffspost, Seefunk, Telefon- und Seekabelverbindungen nach Übersee

21266 Jesteburg-Lüllau
Kunststätte Bossard
Bossardweg 95
Tel. 0 41 83/51 12
www.bossard.de
Ein Kunsttempel, wie er in Deutschland einmalig ist: Werk des Bildhauers, Malers, Architekten und Designers Johannes Michael Bossard

23948 Kussow b. Grevesmühlen
Steinzeitdorf Kussow
Kussower Weg
Tel. 0 38 81/71 50 55
Die Lebensweise der Jungsteinzeit: Rekonstruierte Häuser, Werkzeuge, Kleidung, Haustiere, Ernährung, Jäger und Sammler. Aktionen für Gruppen und Schulklassen

23879 Mölln
Eulenspiegel-Museum
Am Markt 2
Tel. 0 45 42/83 54 62
Die Geschichte des Till Eulenspiegel, seine Streiche, sein Tod in Mölln. Plastiken, historische Darstellungen. Das Museum ist in einem Patrizierhaus von 1582 untergebracht.

22846 Norderstedt
Feuerwehr-Museum
Friedrichsgaber Weg 290
Tel. 0 40/5 25 67 42 u. 5 25 26 26
Pferdegezogene Wagenspritzen, Motorfahrzeuge, historische Löscheimer aus Flechtwerk und Leder, 300 Uniformen und Feuerwehrhelme

22848 Norderstedt
Harmonika-Museum International
Scharpenmoor 86
Tel. 0 40/5 23 47 76
Sammlung Claus Brusch, die größte und artenreichste Harmonika-Sammlung der Welt

27637 Nordholz
Kurioses Muschel-Museum
Mühlenstr. 71
Tel. 0 47 41/13 93
www. muschelmuseumnordholz.de
Mehr als 2000 Muscheln aus allen Weltmeeren, zum Teil auf humorvolle Weise präsentiert

23758 Oldenburg in Holstein
Museumshof
(mit Wallmuseum, Gildemuseum, Rosenmuseum)
Prof.-Struve-Weg 1
Tel. 0 43 61/26 74 od. 49 80
Slawisches Leben vor etwa 1000 Jahren, Ringwallanlage, Nachbau eines Handelsschiffes, Backofen, Schuhmacherwerkstatt, über 50 historische Rosenarten

21224 Rosengarten-Ehestorf
Freilicht-Museum am Kiekeberg
Tel. 0 40/79 01 76 25 und 79 01 76 12
Die Entwicklung des ländlichen Raumes ab 1850 bis in die heutige Zeit. Historische Bauernhäuser und Speicher, Haustiere, Werkstätten, Obstbau und Gartenbau. Laufend Sonderveranstaltungen

19061 Schwerin
Museum Schleifmühle
Schleifmühlenweg 1
Tel. 03 85/56 27 51 od. 56 09 71
Historische Wassermühle und Steinschleiferei am Schlosspark

19063 Schwerin
Freilicht-Museum Schwerin-Mueß
Alte Crivitzer Landstr. 13
Tel. 03 85/2 08 41 - 0
Teil des alten Dorfkerns des 1304 erstmals urkundlich erwähnten Dorfes Mueß; Bauernhäuser, Hirtenkaten, Büdnerei, Dorfschule, Dorfschmiede, Backofen, Kräutergarten

27726 Worpswede
Torfschiffswerft-Museum
Schlußdorfer Str. 21
Tel. 0 47 92/27 50
Alte Torfsschiffswerft im Teufelsmoor, auf der mehr als 600 Torfkähne gebaut wurden. Bauernbackofen, Ziehbrunnen, Ausstellung über das Leben im Moor

26340 Zetel
Nordwestdeutsches Schul-Museum
Wehdestr. 97
Tel. 0 44 53/13 81
Schulklasse aus der Kaiserzeit, Lehrmittel, Tonbildschau, Literatur und Dokumente zur Schulgeschichte

27404 Zeven-Brüttendorf
Feuerwehr-Museum Zeven e. V.
Blöckenweg 12
Tel. 0 42 81/20 20 u. 86 72
Motorfahrzeuge, Drehleitern, Abteilung "Vorbeugender Brandschutz", altes Feuerwehrspielzeug und Kinderbücher

Sach- und Namensregister

Unsere Stichwörter erleichtern Ihnen das Auffinden von Exponaten und Freizeitmöglichkeiten. Bereits im Museumsnamen enthaltene Begriffe werden hier nicht wiederholt.